1862년 진주농민항쟁

진주문화를 찾아서 4

1862년 진주농민항쟁

김준형 글 | 김한수 사진

지식산업사

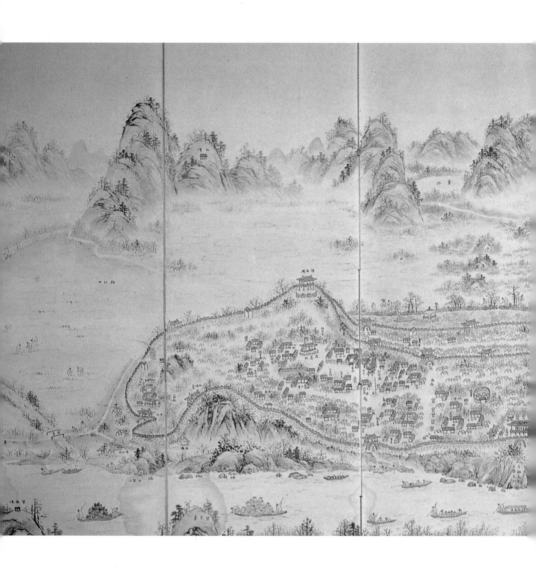

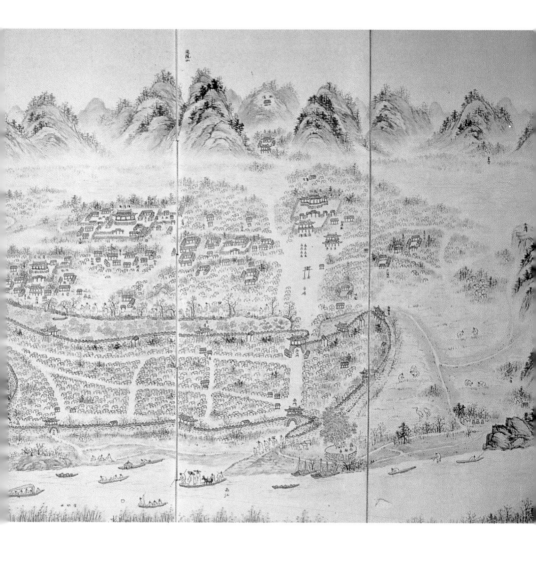

진주문화를 찾아서 4

1862년 진주농민항쟁

초판 1쇄 발행 2001. 12. 15.
초판 2쇄 발행 2019. 7. 30.

지은이 김준형
펴낸이 김경희
펴낸곳 (주)지식산업사
　　　　파주본사 10881, 경기도 파주시 광인사길 53(문발동)
　　　　　　전화 (031)955-4226~7 팩스 (031)955-4228
　　　　서울사무소 03044, 서울특별시 종로구 자하문로6길 18-7(통의동)
　　　　　　전화 (02)734-1978,1958 팩스 (02)720-7900
　　　　누리집 www.jisik.co.kr
　　　　전자우편 jsp@jisik.co.kr
　　　　등록번호 1-363
　　　　등록날짜 1969. 5. 8.

책 값 9,000원

ⓒ 김준형, 2001
ISBN 89-423-4819-X 03380
ISBN 89-423-0034-0 (세트)

이 책에 대한 문의는 지식산업사로 해 주시길 바랍니다.

진주문화를 찾아서

새 천년의 문턱을 넘어 첫발을 내디뎠다. 참으로 어두웠던 한 세기의 굴속을 지나고 밝은 빛이 눈부시게 퍼질 새로운 세기를 내딛는 첫걸음이다. 그러나 희망과 더불어 두려움도 함께 지닌 채 설레는 마음으로 내디딜 수밖에 없었다.

돌이켜 보면 우리는 지난 한 세기 동안 어두운 굴속을 뚫고 나오면서 두 가지 큰 상처를 입었다. 앞쪽 반세기 동안에 우리는 오래도록 살아오던 '문화'에서 끊겼다. 침략한 왜인들이 우리 삶을 뒤집고 우리 전통을 끊어서 저들 손아귀에 넣고자 갖은 짓으로 우리가 우리 문화를 돌아보지 못하도록 막았기 때문이다. 그리고 뒤쪽 반세기 동안에 우리는 자리잡고 살아오던 '뿌리'에서 잘렸다. 세계를 틀어쥐려는 미국과 러시아의 세력 다툼에 걸려 겨레끼리 싸우고, 남과 북의 독재 권력이 꾀하는 중앙집권 정책에 휘둘려 앉은 자리에 오붓하게 눌러 살아갈 수가 없었기 때문이다. 새로운 세기를 들어서면서 우리 마음에 자리잡은 두려움을 없애려면 먼저 이런 두 가지 상처를 본살같이 낫게 해야 한다. 그 일 몫으로 우리는 저마다 '뿌리' 내려 사는 고장에서 예로부터 내려오던 '문화'를 찾아 공부하는 일에 좀더 힘써야겠다. 우리가 예로부터 뿌리내려 살면서 가꾸어온 고장의 문화를 찾아 공부하는 일이야말로 일제와 외세로 말미암아 끊기고 잘렸던 삶의 핏줄을 잇는 지름길이다. 다가오는 새 천년의 역사를 "줏대 있게" 살아가야 할 문화민족으로서도 마땅한 길이다. 이미 안동에서 이 길에 앞장을 섰거니와 안동과 진주뿐만 아니라 우리나라 곳곳에서 제 고장의 문화를 찾아 공부하는 일이 다투

8

어 벌어지면 첫발을 내디딘 새 천년은 한결 빨리 떳떳한 세상으로 바뀔 것이다. 이런 믿음을 지니고 우리는 이 일에 작은 힘이나마 보탤 수 있게 된 것을 더없는 기쁨으로 안다.

우리가 '진주문화를 찾아서' 길을 떠날 수 있었던 것은 진주 지역문화의 지렛대인 남성문화재단의 도움이 있었기 때문이다. 이런 재단의 도움에 힘입어 진주문화를 제대로 찾아내면, 그것은 바로 우리네 빛깔과 냄새를 깊이 간직한 겨레문화를 북돋우는 것이다. 나아가 저마다 제 모습을 뽐내는 인류문화의 꽃밭을 아름답게 가꾸는 셈이 된다. 이런 뜻이 진주문화를 사랑하는 사람들과 또 다른 고장 사람들에게로 번져나갈 수 있다면 우리가 하는 일에 더없는 보람을 느끼겠다.

'진주문화를 찾아서' 편간위원회

차 례

1. 1862년 2월 2일 내평 마을에서는

1862년 2월 2일 진주목 관아 서쪽 내평 마을 박수익(朴守益)의 집에서는 여러 사람들이 모여 무엇인가 심각한 논의를 하고 있었다. 논의가 한창 무르익는 가운데 인근에 사는, 교리(校理 : 홍문관 정5품 관직)를 지낸 이명윤(李命允)이 나타났다. 이명윤이 들어가자 먼저 와서 논의를 주도하던 유계춘(柳繼春)이 한 문건을 급히 소매에 감추었다. 이상하게 여긴 이명윤은 그것이 무엇인지 추궁했다. 유계춘은 할 수 없이 보여 주었다. 그것은 상인들과 주민들에게 장이 열리는 날 장사를 중단하고 집단행동을 선동하는 통문(通文 ; 여러 사람이 돌려보는 통지문)이었다.

그 문건의 내용을 본 이명윤은 크게 놀라서 소리쳤다.

"이것이 무슨 짓이요. 나중에 화를 당하게 될 것이니 빨리 불태우고 다시는 이와 같은 해괴한 짓을 하지 마시오."

그러나 유계춘은 당당하게 맞섰다.

"오늘 새벽 이미 사람을 보내어 읍내 장시에 내걸었소. 오늘이 바로 장날이오. 고을의 모든 사람들이 보게 될 것이요. 죽어도 내가 죽는 것이며 살아도 내가 사는 것이니, 교리 어른은 무슨 상관이 있어서 이와 같이 꾸짖소?"

이명윤은 유계춘의 단호한 말에 더이상 대꾸하지 못하고 분노를 터뜨렸다.

"여기는 내가 잠시라도 앉아 있을 수 없는 곳일세."

그는 곧바로 일어나서 집으로 돌아가며, 앞으로 일어날 사태를 걱정하였다. 이때부터 그는 혹시라도 자기에게 해가 돌아오지 않을까 해서 유계춘을 멀리하게 되었다.

내평리 오산마을 덕천강

덕천강가에 자리잡은 내평리, 이 조용한 마을에서 무슨 일이 벌어지고 있었던 것일까. 수령과 향리들의 계속된 주민 수탈 때문에 진주지역 주민들이 그동안 참아왔던 분노를 터뜨리고 자신들의 의사를 관철시키기 위한 모의를 하고 있었던 것이다. 여기에서 채택된 방법이 철시(撤市 ; 주민들이 상인과 함께 시장을 철거하고 집단시위에 들어가는 것)였고, 결국 이것이 그 유명한 '진주 농민항쟁'으로 발전하게 된 것이다.

조선시대 말기로 오면서, 국가의 부세체제는 점점 문란해져 백성들을 고통스럽게 하고 있었다. 게다가 이에 관여하는 수령과 향리의 비리 · 탐학, 일부 상인 · 토호층의 수탈이 극도로 심해지면서 주민들의 불만이 고조되었다. 그 가운데서도 불만 폭발의 결정적인 계기는 환곡의 운영과정에서 야기된 도결

내평리의 전경 : 원래 내평리 산기슭에서 덕천강에 접한 오산 마을까지 너른 들판이 형성되어 있었으나, 1970년대 남강댐의 건설로 인해 거의 물에 잠기고 오산 마을은 섬이 되어 버렸다(✓표 한 곳이 오산 마을).

(都結)과 통환(統還)의 시행이었다. 이는 환곡 폐단이 극단화된 형태였다.

이런 폐단을 없애기 위해 진주 주민들은 이전부터 집단적인 형태로 운동을 벌이고 있었다. 초기에는 명문 사족이 중심이 되어 관아에 그 조치를 철회해 줄 것을 청원하는 정소(呈訴)운동으로 시작되었다. 그러나 여러 차례의 청원이 있었지만 그것은 받아들여지지 않았다. 좀더 과격한 형태의 운동이 필요하게 되었다. 2월 2일 내평리에서 모의가 이루어진 것도 바로 이 무렵이었다. 결국 장시를 철거하고 집단시위운동으로 나선다는 결정이 났다.

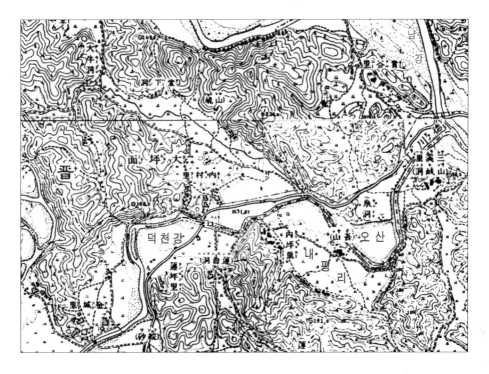

일제시대(1910년대)의 내평리 일대

유계춘과 이명윤의 대립은, 이처럼 저항운동이 관아에 청원하는 온건한 형태에서 '철시'라는 과격한 저항형태로 변해 가는 과정에서 나타났다. 이것은 몰락 양반과 일반 민중들의 절박한 입장을 대변하는 유계춘과, 상대적으로 여유가 있는 명문 사족 사이에 놓여 있는 계층적 입장의 차이를 보여준다.

2. 구휼 위한 환곡이 주민의 고통으로 ①
(진주 관아의 도결 결정)

그러면 환곡은 어떤 것이고 그 폐단은 얼마나 심각했던 것일까. 조선왕조의 부세체제를 볼 때, 초기의 '조(租)·용(庸)·조(調)' 체제가 후기로 와서 '삼정'(三政 ; 전정·군정·환곡)체제로 변하게 되는데, 환곡이 이 가운데 하나를 이루고 있었다.

원래 환곡이란 관청에서 춘궁기에 곡식이 떨어진 농가에 곡식을 나누어 주어 그들로 하여금 생계를 잇고 농사에 대비하도록 했다가 가을 수확기에 거두어 들이는, 일종의 농민 구제책이었다. 다만 운영과정에서 원곡이 축나는 부분을 보충한다는 명목으로 '모조(耗條)'라 해서 1할의 이자를 붙여 거두고 있었다.

그런데 17세기 이후 부세체제가 변하는 가운데, 전정(田政)과 군정(軍政)의 수취가 고정되어 가면서 국가재정이 부족해지자 환곡의 성격은 변하였다. 환곡 모조의 일부를 호조·상평청에 상납하여 재정의 부족분을 충당하게 된 것이다. 이 현상은 세도정권기에 와서 더욱더 확산되었다. 중앙재정의 파탄이 만성화되면서 중앙의 각 기관은 물론 지방의 감영, 병영, 진영 그리고 군현이 독자적으로 환곡을 설치·운영하여 주요한 재원으로 삼았던 것이다.

19세기 초 다산 정약용이 "나라 재정수입의 반은 조세에 의존하고, 반은 환곡에 의존한다"고 말할 정도로 국가 재정의 환곡 의존도는 크게 증가하였다. 이에 따라 농민의 환곡 부담량도 증가하였고, 이에 대한 이자 부담도 늘어났다. 이것은 필연적으로 농민수탈을 강화하게 되었다.

원래 군현의 창고에 보관된 환곡은 원곡 가운데 반은 창고에 두고 나머지

반을 농민에게 분배하는 것이 원칙이었다. 그러나 19세기에 이르러 이러한 원칙이 무시되고 창고 안의 모든 곡식이 농민에게 분배되었다. 이것이 '진분(盡分)'이었다. 이는 온갖 농민수탈의 방법을 동원해서 중앙 기관이나 지방 관청의 부족한 재정을 메우려는 의도에 따라 이루어진 것이었다.

이같은 환곡의 진분화 경향과 함께 여러 가지 이유로 창고의 곡식이 줄어들게 되었다. 환곡을 받는 농민들 가운데 계속되는 흉년으로 환곡의 이자는 커녕 원곡조차 갚지 못하는 농민이 늘어났던 것도 그 한 이유였다. 지방관청에서 중앙에 상납할 세금이 제대로 걷히지 않아, 우선 창고에 있는 환곡으로 상납한 것도 또 다른 원인이었다. 그러나 창고의 곡식이 비게 된 가장 결정적인 요인은 서리들의 중간 횡령이었다. 그들은 농민들로부터 받은 환곡으로 자기 배를 채우고 장부 위에만 받은 것으로 기록하기 일쑤였다. 이를 전체적으로 '포흠(逋欠)'이라 일컬었다. 때문에 장부상으로는 환곡이 원액 그대로 있지만, 실제 창고에는 곡식이 남아 있지 않게 되었다.

이처럼 환곡이 비어도, 중앙관청에 납부해야 할 환곡 이자나 지방 관청 경비로 쓰이는 환곡 이자는 반드시 마련해야 하였다. 그러므로 농민들은 봄에 한 톨의 곡식도 만져보지 못한 채, 서리들이 붓 끝만으로 분배한 양에 따라 가을에 이자곡을 갖다 바쳐야 하는 현상이 나타났다. 이를 '와환취모(臥還取耗)'라 하는데, 주민들도 내용이 부실한 곡식을 가져가고 좋은 알곡으로 바치는 수고를 하기보다는 거기에 해당되는 이자만을 바치는 것이 오히려 편하다고 생각했다.

한편 국가의 지속된 적발 작업으로 인해 이미 비어 있는 곡식은 다시 채워 넣어야 했다. 그래서 시행된 것이 도결(都結)이다. 도결이란 관의 각종 재정이나 부세의 모자라는 부분을 충당하기 위해, 원래 그 징수권을 행사해 오던 호수(戶首)로부터 결가(토지 1결당 매겨지는 부과액) 책정권을 빼앗아 관에서 직접 행사하는 것을 말한다. 관이 결가를 높이 책정하여 부세액과의 차액을 그 부족분에 충당했던 것이다.

이런 현상은 진주라고 예외는 아니었다. 진주는 읍의 규모가 컸기 때문에 이에 비례하여 환총(還摠 ; 환곡 총액)도 매우 많은 편이었다. 바로 이러한 환곡 운영과정에서 많은 결손분이 생겨 결국 심각한 사회문제로 대두되는데, 그것은 대부분 수령과 이서의 포흠 때문에 발생한 것이었다.

농민항쟁 직전인 1861년 11월 진주목사 홍병원(洪秉元)은 관내의 창고를 조사하였다. 그 결과 진주의 환곡 포흠은 1847년부터 일어났으며, 조사 당시 포흠한 자들 가운데 과반이 도망하거나 죽고, 환곡 장부가 분실된 것이 많았다고 한다. 이 가운데는 '지징무처(指徵無處 ; 거둘 곳이 없어서 전혀 조치할 방도가 없는 것)'로 보고된 것이 압도적으로 많았다.

이것을 농민항쟁이 일어난 뒤 안핵사(按覈使 ; 지방에 사건이 생겼을 때 그것을 자세히 조사하기 위해 임시로 파견한 관리)로 파견되었던 박규수(朴珪壽)가 어느 정도 밝혔다. 경저리와 지방관들이 범인이었다.

한편 경상감사는 홍병원의 조사에 의거하여 그 해결책으로 '지징무처' 2만 8천여 석에 대하여 이자를 받지 않고 몇 시기로 나누어 거두고, 그 일부는 환곡 액수가 적은 읍으로 이송하여 수세할 것을 건의하였다. 그렇게 하여 중앙 차원에서 해결하기를 바랐던 것이다. 그러나 비변사에서는 이러한 요구를 받아들이기 어려웠다. 도리어 감사를 처벌하고 포흠을 저지른 자에 대해서는 엄한 형벌로 다스렸을 뿐이다. 그러면서 포흠곡의 수납 책임을 진주에 강요하게 됨에 따라, 그 부담은 결국 진주민에게 넘겨졌다.

환곡의 포흠분이 민간의 토지에 전가되어 징수되기 시작한 것은 1855년 목사였던 이곡재(李谷在) 때부터였다. 이때까지 환곡 10만여 석이 모두 서리와 노비의 포흠이었다. 이때에 토지에서 거둔 액수는 알려지지 않고, 그 이후 1858년까지 역대 수령들이 매년 이런 조치를 취하였다. 또 처음에는 1년에 한 차례 2냥을 거두었으나, 그 뒤 부담량이 커지고 특히 1858년 분은 1년에 두 차례 징수하여 주민들의 불만이 높아졌다. 이 때문에 1858년, 1859년 두 해 사이에 민간인이 3,300여 호나 다른 곳으로 떠나게 되었다고 한다. 그 다음에도 목사 신억(申憶)이 2냥 5전을 토지에서 거두려고 하였으나, 읍민들의 여론이 들끓자 수납하지 못한 채 교체되고 말았다. 그 뒤를 이은 것이 홍병원이었다.

홍병원도 전임자들과 마찬가지로 민간의 토지에 부담시키는 도결을 시도하였다. 그는 향회를 소집하여 사족을 중심으로 도결에 대해 논의하도록 하고, 각 면 부세 담당자인 훈장들을 차출하여 불과 수십 명의 의사로써 도결을 결정하였다. 이때 1결당 부담액수는 6냥 5전에 달하여 이전의 부담액수가 2냥 5전이었던 데 비하여 훨씬 많았다. 당시 진주의 토지 면적은 1만 5천여 결로서, 실제 결수를 1만 결로만 잡아도 도결 액수는 6만 5천 냥이 되며 쌀로 약 2만여 석에 해당된다. 따라서 환곡 포흠 총액을 한꺼번에 해결하려 했던 의도가 드러난다. 그러던 가운데 진주에 위치한 우병영에서도 진주목의 도결 결정을 틈타 병영의 환곡 포흠을 해결하고자 하였다.

3. 구휼 위한 환곡이 주민의 고통으로 ②
(우병영의 통환 결정)

원래 경상도 우병마사의 병영은 진주에 있지 않고 창원에 있었다. 그런데 임진왜란으로 우병영이 있던 창원의 합포영(合浦營)이 불타 없어지자, 형세가 험고하다는 촉석성(矗石城 ; 진주성)으로 우병영이 옮겨지게 되었다.

병영의 재정은 조선 전기에는 관둔전(官屯田)과 공물에 의지하고 있었다. 그러나 조선 후기에 와서 다른 기관과 마찬가지로 병영의 재정구조에도 상당한 변화가 일어났다. 병영곡을 확보하여 이를 병영 예하의 각 읍에 분급하

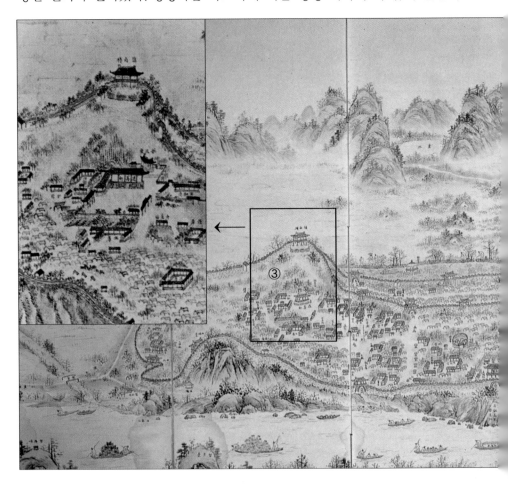

'진주성도'로 본 당시 진주 읍내의 모습과 관아의
위치 : ① 진주목관아, ② 진주진영, ③ 우병영,
　　　④ 객사, ⑤ 읍내장터

여 환곡의 원곡을 삼게 하고, 그 이자인 모조를 중요한 수입원으로 삼게 된
것이다. 병영곡은 병영에서 직접 운영하는 것과 관할 각 읍에 분급하여 운영
하는 것이 있었다. 진주의 경우, 병영의 소재지였기 때문에 한 지역에서 두
가지가 모두 운영되고 있어서 그 양이 다른 고을보다 훨씬 많았다.

　그런데 이런 병영곡이 운영과정에서 점차 늘어나 18세기 말에는 이미 8만
여 석에 이르고 있었다. 이 환곡의 분급은 호를 기준으로 하지 않고 토지의

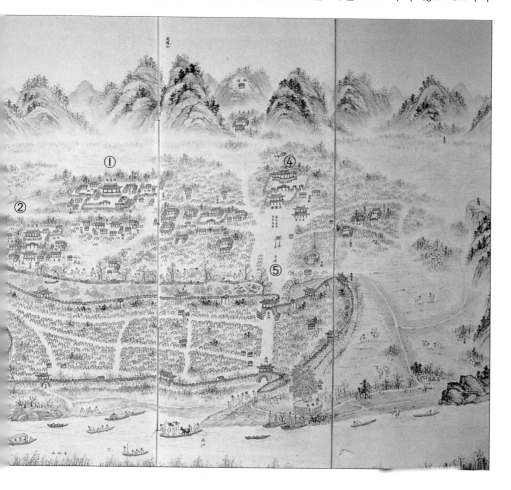

면적을 기준으로 이루어지고 있었다. 이 가운데 2만 석은 다른 고을로 넘겨 운영하는 조치를 취했기 때문에 부담이 다소 줄긴 했지만, 토지 1부(夫 ; 토지 8결을 1부라 한다)당 50여 석이나 분급되어 주민들에게는 큰 부담이 되고 있었다. 정조 15년(1791)에 조정에서 이 문제를 심각하게 논의하기는 했지만, 그 양을 줄일 수는 없었다. 대신에 환곡의 3분의 2는 보관하고 3분의 1만 분급하는 형태로 바꾸어, 주민의 부담을 어느 정도 덜 수 있도록 하였다.

그러나 가분(加分 ; 여러 가지 명목을 만들어 규정 이상의 환곡을 분급하는 것)이나 입본(立本 ; 분급 이전에 곡식의 가격을 예상해 미리 매석당 1, 2량을 받는 것) 등, 병영의 편법 운영과 예하 관속들의 비리로 인해 부담은 줄어들지 않고 있었다. 그러기에 병영 환곡에 대한 진주 주민들의 불만이 높아지는 것은 뻔한 일이었다.

주민들은 병영에도 호소해 보았고 조정에도 호소해 보았다. 그러나 이 문제는 제대로 해결되지 않고, 오히려 병영으로부터 보복만 당할 뿐이었다. 순조 5년(1805)에 이 지역 주민을 대표해서 하진영(河鎭英), 박천건(朴天健) 등의 사족들이 비변사에 호소했다가, 병영에 끌려가 형을 받아 거의 죽을 지경에 이르렀던 것이 그 한 예이다. 주민들 사이에서 '차라리 읍의 환곡 10석은 받을지언정 병영의 환곡 1석은 받지 않겠다'는 말이 돌 정도로 병영에 대한 감정이 좋지 않은 상태였다.

그런데 이런 우병영의 환곡은 19세기 중반 들어 감소하였다. 이 시기에 중앙재정이 부족하자, 여유 있는 우병영의 환곡이 중앙 재정분으로 옮겨져 사용되거나 흉년의 진휼에 자주 이용되었기 때문이다. 이 때문에 환곡 총량이 4~5만 석에 지나지 않게 되었다.

이렇게 병영곡이 줄자 병영에서는 재정의 충당을 위해 분급률을 점차 늘여 환곡을 전부 분급하게 되었다. 이런 편법을 써도 재정이 부족하자, 원곡을 떼어 이용하는 일까지 생겨났다. 게다가 환곡의 운영과정에서도 포흠분이 생겨나기 시작했다. 그 포흠액수는 1860년에 오면 환총 3만 5천4백 석 가운데 2만 7백 석이나 되었고, 그 절반 이상이 이미 여러 해에 걸쳐 쌓였던 포흠이어서 거둘 수 없는 상태였다. 결국 병영곡의 총액이 점차 줄어들었을 뿐만 아니라, 그 가운데서도 상당수가 포흠이 되어, 병영 재정은 심각한 상황에 놓이게 되었다. 이 포흠의 상당 부분은 우병사나 김희순, 문영진과 같은 서리들에 의해 저질러진 것들이었다.

병영에서는 환곡이 중요한 재정기반이었던 까닭에, 진주목이 도결을 결정한 것을 기회로 하여 이 문제를 해결하려고 하였다. 그런데 병영곡에 포흠이 발생할 때, 병영에서 직접 운영하는 부분에 대해서는 진주가 병영의 소재지였기 때문에 그 책임이 주민에게 전가될 수밖에 없었다.

우병사 백낙신은 1862년 1월경에 읍내 주민들을 불러모아 회유·협박하여 약 6만 냥을 통환으로 충당하도록 결정하였다. 통환이란 원래 호적에 기재된 통호(統戶)를 중심으로 환곡을 분급하는 방식을 말한다. 그런데 이때 우병영에서 시도하였던 통환은 환곡 분급이 아니라 포흠분을 민간에게 전가하는 수단으로서 사용되었던 것이다. 진주목의 도결 결정으로 주민들의 여론이

들끓고 있었는데, 이에 뒤이은 병영의 통환 결정이 내려지자 주민들은 더없는 충격을 받았다.

4. 특권적 사족층도 수탈의 대상으로

　이러한 수탈체제에서 가장 피해를 입은 계층은 당시 널리 형성되어 있던 빈농층이었다. 그들은 토지를 경작하는 계층으로서 매우 영세하였고, 농업소득만으로는 생계를 꾸릴 수 없었다. 따라서 그들은 농번기 때 부농에게 노동력을 제공하거나, 농한기에 땔감 등을 채취하여 시장에서 팔아 생계를 이어가고 있었다. 빈농의 부녀자들은 베짜기나 김매기 노동에 동원되었다.

　그들은 지주의 지대 수탈, 부농의 노동력 수탈만이 아니라 부농이나 지주층에 의한 고리대 수탈의 직접적인 대상이기도 했다. 또한 국가의 조세수탈도 이들 빈농층에게 집중되었다. 따라서 그들의 생활은 극심한 궁핍에 허덕이게 되었다. 결국 이들 가운데 일부는 농촌을 떠나 이리저리 떠돌며 비럭질하거나 산골 깊숙이 들어가 화전(火田)을 일구거나 아니면 화적(火賊)이 되기도 하였다. 일부는 광산 노동자나 지게꾼, 하역 노동자로 생활하기도 하였다. 따라서 기회만 주어지면 기존의 사회체제에 강력하게 저항할 수 있는 세력으로 잠재하고 있었다.

　그런데 수탈의 피해에서 벗어날 수 없기는 양반 사족층도 마찬가지였다. 이런 수탈체제는 조선 후기에 진행되고 있던 사회변화에 따라 나타나고 있었고, 진주도 예외는 아니었다.

　원래 각 지역의 사족들은 유향소(留鄕所, 후의 향청)를 통해 향리들이 날뛰는 것을 막고, 수령의 자문에 응하면서 향촌사회에 지배력을 행사하고 있었다. 그들은 그들 중심의 합의체 운영기구인 향회(鄕會)를 통해 유향소의 좌수·별감 등 향임을 선출하였고, 이들을 통해 향리들을 통제하고 부세운영에 영향력을 행사하였다. 또 향회와 관련된 향안(鄕案)과 향규(鄕規)를 만들어 향촌사회의 유력한 가문의 인사만 참여하게 하여, 그들의 위세와 특권을 배타적으로 누리고 있었다.

이같은 사족 중심의 향촌 지배체제가 더욱 안정된 까닭은 향약의 실시와 서원의 운영 때문이었다. 이를 통해 유교 윤리를 확산시키면서 향촌사회에서 그들의 영향력을 확대할 수 있었다.

그러나 임진왜란과 병자호란 이후 이러한 향촌질서는 점차 변질되어 갔다. 18세기 이후 상품경제가 발전하고 신분제가 흐트러지면서, 사족 중심의 신분제적 향촌지배체제도 크게 동요하였다. 게다가 18세기 이후 노론세력에 의한 집권이 장기화되고 다른 당파의 관료 진출이 봉쇄되면서, 지방의 많은 사족들은 침체해 갔다.

이같은 변화는 진주지역에서도 일어나고 있었다. 이미 16세기 초부터 진주를 중심으로 한 경남지역에서는 새로운 물대기(관개)기술인 보(洑)의 이용이 널리 확산되었다. 이를 바탕으로 강변의 낮은 지대에 새로운 경작지가 개간되고, 또한 이앙법에 따른 농경이 어느 지역보다도 앞서서 이루어졌다. 이런 농업에서 일어난 변화는 진주의 토지소유 관계에서 일어난 새로운 변화를 말해준다.

특히 민란이 일어나기 직전의 진주지역은 극심한 계층분화에 따라 영세농이 많은 수를 차지하고 있었다. 양반층 가운데서도 극히 일부의 우세한 사람들을 제외한 대다수는 경제적인 면에서 평민, 천민층과 같은 상태에 있었으며, 항상 생계 유지를 위해서 허덕여야 했다.

상품경제의 발달에서도 진주지역은 예외가 아니었다. 19세기 초 진주지역
에서도 장시가 번성하고 있었다. 진주 관아 근처의 읍내장을 비롯해서 반성
장 · 소촌장 · 영현장 · 엄정장 · 만가장 · 사일장 · 수곡장 · 대야천장 · 문암장 · 덕
산장 · 북창장 · 안간장 등 13개의 장이 그것이다. 진주지역 전체로 볼 때에는,
진주 안에서 거의 매일 장이 설 뿐만 아니라 하루에도 여기저기 장이 겹쳐
서 서고 있었다.

또 진주에는 경남 서부지역 여러 고을의 조세를 모아 전라 · 충청도의 앞
바다를 통해 서울까지 운반하는 우조창(右漕倉)이 있었다. 1760년에 설치된
진주 남쪽 부화곡리의 가산창(駕山倉 ; 현재 사천군 축동면 가산리)이 그것이
다. 가산창은 영남지역 3개의 조창 가운데 하나로서, 진주 · 곤양 · 단성 · 사
천 · 고성 · 의령 등 여섯 고을의 전세와 대동미를 거두어들여 서울로 운반하
고 있었다.

정약용의 《목민심서》
에 따르면, 이 가산 포
구에는 좌조창이 있는
마산 포구와 마찬가지로
많은 물산이 들고났다.
그래서 일부 자금을 가
진 자들이 매매 알선,

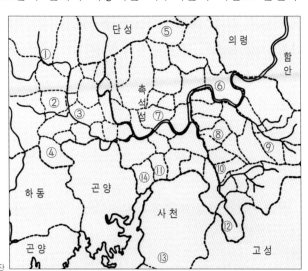

19세기 초 진주의 시장과 가산창
① 덕산장, ② 문암장, ③ 수곡장,
④ 대야천장, ⑤ 안간장, ⑥ 북창장,
⑦ 읍내장, ⑧ 소촌장, ⑨ 반성장,
⑩ 엄정장, ⑪ 만가장, ⑫ 영현장,
⑬ 사일장, ⑭ 가산창(우조창)

숙박 제공 등으로 막대한 이익을 챙길 수 있는 선주인(船主人)의 권리를 얻
으려고 중앙의 재상과 결탁하고 뇌물을 바치는 등, 이권을 둘러싼 치열한 경
쟁이 벌어졌다. 이러한 통로를 통해 서울을 포함한 각지의 물산이나 조선왕
조 세태와 관련된 여러 가지 정보가 진주로 흘러들 수 있는 가능성도 컸다.
이것은 진주농민항쟁의 분위기를 고조시키는 데, 간접적이기는 하지만, 많은
영향을 미쳤을 것으로 생각된다.

　이런 사회변화의 추세와 더불어 부의 축적을 바탕으로 신분상승을 도모하

가산창터에서 사천만 쪽을 바라본 전경

면서 향촌사회에서 영향력을 행사하려는 신흥계층이 진주에서도 등장하였다. 19세기 초의 《진주향교수리물재집수기(晉州鄕校修理物材集收記)》에 따르면, 진주에서는 당시 원래의 양반 사족층과 새로이 양반을 자칭하는 신흥계층을 구별하기 위해 '원유(元儒)'와 '별유(別儒)'라는 명칭을 사용하고 있었다. 원래의 사족층이라 할 수 있는 원유는 총 1,957호인데, 신흥 양반층으로 보이는 별유는 총 2,499호나 되어 원유보다 그 호수가 많았다.

이와 함께 점차 흐트러져 가는 봉건적 지배질서를 다시 강화하려는 조치의 하나로, 국가는 수령 중심으로 통제력을 강화하려 했다. 이런 수령권 강화정책과 함께 상품경제의 발전 및 부세체제의 변화에 따라 수령의 하급 실무자인 향리의 조직이 커지고 기능도 강화되었다. 조선 전기의 호장(戶長)층·육방(六房)층·색리(色吏)층으로 서열화되어 있던 위계질서가 흐트러지고 육방과 일부 부서의 향리들이 중요한 지위를 차지하게 되었다. 이런 직임에는 봉건국가의 부세체계와 관련해서 많은 이권이 따랐다. 따라서 이러한 직임을 둘러싸고 향리들 사이에 경쟁이 벌어졌다. 뿐만 아니라 상품경제의 발전을 바탕으로 부를 축적한 신흥세력들이 이러한 경쟁에 끼어들면서 향리 직임을 맡기 위한 경쟁은 더욱 치열해져 갔다.

반면에 지방 양반층의 권력기구였던 향청은 점차 수령의 통제에 묶여, 향리들의 직임보다도 못한 형식적인 기구로 전락하였다. 그 결과 옛날의 명문 사족들은 향청에 참여하기를 꺼렸다. 이런 상황에 편승해서 새로이 신분을 상승시킨 세력들이 자신들의 경제적 이익을 위하여 이 직임에 끼어들었다.

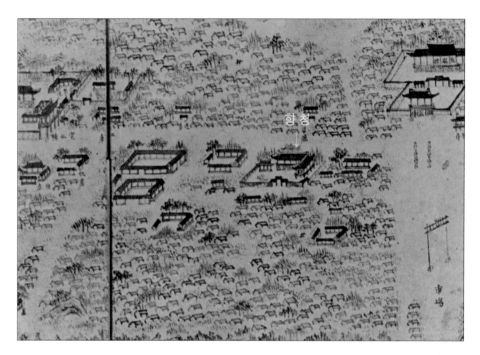

그들은 사족들이 꺼리는 면임(面任)·이임(里任)직을 서서히 장악하고, 심지어는 사족들이 독점하고 있던 좌수·별감 등의 향임직에도 적극적으로 진출하였다. 사족층의 저지 활동도 있었지만, 그것은 성공할 수 없었다. 이런 과정을 통해 사족의 향촌 지배력은 더욱더 약화될 수밖에 없었다.

이리하여 신흥 계층의 일부와 수령 및 향리들이 결탁한 새로운 수탈체제가 만들어졌다. 물론 막강한 경제력을 가지고 있거나 중앙 관료들과 연계를 맺고 있는 일부 토호 사족들도 이러한 수탈체제를 한몫 거들었다. 그러나 기반이 상실된 사족들은 이전의 지배권이 약화된 것은 물론이고, 이제는 자신들도 그 수탈의 대상으로 떨어지는 처지에 놓이게 되었다.

향리들이 수령을 등에 업고 멋대로 날뛰어도, 진주지역의 사족들은 저항하는 경우가 드물었다. 오히려 향리·향임과 결탁하여 같이 수탈의 대열에 참

진주 향청('진주성도' 일부 확대 : ╱표 한 곳) :
조선 후기 향청의 약화로 사족의 지배력이
약화되었다.

여하는 토호가 적지 않았다. 향리를 감시하고 통제하는 향청도 향리와 밀착
되고, 사족 중심으로 여론 집결 기능을 해 온 향회도 형식화된지 오래였다.
결국 사족층은 자기 계층의 특권적 이익도 지키지 못하는 무기력한 계층이
되버린 것이다. 심지어 조정에서 벼슬을 지낸 당당한 사족조차 환곡과 관련
한 특권을 빼앗기고, 일반 사족들도 피지배층과 같이 수탈 대상으로 떨어지
게 되었다. 19세기 전반 진주에서 조세수취로 인해 사족들이 당하고 있던 비
참한 상황은 다음의 긴 인용문에서도 엿볼 수 있다.

"문득 듣건대 진주 동북쪽에는 죽은 자가 더욱 많았다고 한다. 죽은 자의 전세는 비
록 그 친족에게서 걷는다고 해도 걷을 수가 없어서 5월에 이르기까지 수행하지 못하
다가, 6월 초에 목사는 걷는 것을 포기하고 진주를 떠나버렸다. 대신 (진주진)영장(營
將 : 진주진 관하 고을의 군사훈련을 관할하던 정3품의 무관 벼슬)이 납부를 독촉하니
비록 사족이라도 모두 도적을 다스리는 형률로 얽어매었다.

빈민은 비록 집을 수색해도 남은 것이 없어서 부모들의 집을 수색하여 그릇과 의
복·서책들을 모두 가져갔다. 집을 수색할 때 (진주)진영(鎭營)의 장교·군졸·노비들
이 안마당까지 돌입하니, 부녀자들이 놀라서 피하였다. 남자들이 혹시라도 그것을 금
지시키려 하면, 그들이 비록 사족이라 해도 주황사(朱黃絲)로 묶고 구타하였다. 주황사
는 진영에서 도적을 잡아 얽어매는 줄이다. (이 때문에) 사족 여러 명이 분을 이기지
못해 음식을 끊고 굶어 죽으려 해도, 처자들이 여러 날 권하는 바가 되어 가까스로 죽
지 않을 수 있었다고 한다.

무릇 이처럼 수색당한 집들이 어찌 세금을 납부하지 않았겠는가. 세금 납부가 이미 오래 되었는데도 수색을 당한 것은, 무릇 마을 안 가난한 집들의 세금 때문이다. 다른 사람의 세금 때문에 몸을 망치고 집이 파산하니, 그들의 마음을 돌아보건대 어떠하겠는가."(유의삼(柳宜三),《추체록(推體錄)》)

이러한 현상은 그들이 세금을 내지 않았기 때문이 아니라, 가난한 인근 호나 친족이 내지 못한 것을 대신 거두는 인징·족징 때문에 나타난 것이었다. 인징·족징에서조차 사족들이 피해대상으로 거리낌없이 포함되었던 것이다. 이런 상황 아래에서 사족층, 특히 몰락해가는 사족층의 불만은 높아졌다. 이렇게 해서 진주농민항쟁의 초기단계는 사족층에 의해 주도되었던 것이다.

5. 진주의 지리 조건과 저항 요소

진주는 이미 통일신라 때부터 9주의 하나인 강주(康州)의 중심지역 구실을 해 왔다. 당시 강주는 현재의 경남 서부 일대와 경북지역의 일부 군현을 아우르고 있던 행정구역이었다. 그 이후 지방제도가 변하면서 조금 변천이 있었지만, 진주는 경남 서부지역에서 영향력이 큰 고을이었다. 다른 대읍들과 마찬가지로 고려시대에는 많은 고을을 속읍(屬邑 ; 수령이 파견되지 않고, 수령이 파견된 인근 고을의 통솔을 받는 고을)으로 거느리고 있었다.

고려 후기 이래로 많은 속읍들이 독립해 떨어져 나갔기 때문에 진주의 영역은 상당히 줄어들었다. 조선 후기 숙종대에 와서도 진주의 일부 지역이 하동지역으로 편입되어 진주지역은 더욱더 줄어들었다. 그래도 당시의 진주 영역은 지금의 진주시 영역과는 비교가 안 될 정도로 넓었다.

서쪽으로는 현재의 하동군 적량·옥종·청암면의 대부분과 횡천면의 일부 지역은 진주지역이었고, 동쪽으로는 마산시 진전면의 일부 지역까지 미치고 있었다. 남쪽으로는 사천만의 사천시 축동면과 삼천포 부근의 일부지역, 더 나아가 바다 건너 남해군 창선면도 진주 땅이었다. 그 밖에 현재의 고성군 영오·영현·개천면도 진주지역이었다. 북쪽으로는 천왕봉에서 이어지는 능선을 따라 현재의 함양군 마천면 및 산청군 금서면 지역과 경계를 접하고 있었다. 지금 산청군의 시천·삼장면 대부분과 단성면의 상당수 마을도 진주에 속해 있었다.

진주지역은 경남지역 서쪽의 지리산 주변에 위치하고 있었다. 그리고 북쪽으로부터 흘러들어 온 남강이 고을 도회지의 남쪽을 돌아 진주지역 중앙부를 관통하여 멀리 동쪽으로 흘러가 낙동강과 합류하고 있었다.

　진주에서는 남강의 줄기를 따라 여러 지류가 여기저기서 흘러들어 오는데, 이가운데 특히 몇 개의 지류가 주목된다. 진주 서북쪽에 있는 지리산의 남쪽, 깊은 골짜기에서 발원하여 현재의 남강댐 부근에서 남강과 합류하는 덕천강이 그 하나이다. 또 남쪽의 무량산과 성지산에서 발원한 영천강과, 깃대봉 발산재에서 발원한 반성천이 남강에 합류한다. 이 지류들은 하류의 경사가 비교적 완만하고, 하천 주변에는 충적토에 의해 소규모의 범람원이 형성되어 있어서 비옥한 농경지가 많이 조성될 수 있었다. 또한 유역면적이 대단히 넓은 남강 본류에 비해 유역면적이 넓지 않기 때문에, 빗물이 한꺼번에 집중된다 하더라도 홍수의 피해량이 훨씬 적었다. 그렇기 때문에 16세기 이후 새로운 관개(灌漑 ; 농사를 짓는 데 필요한 물을 논밭에 대는 일)기술인 보가 만들어져 이용될 때, 이 지류 일대에 보가 집중적으로 만들어졌다.

　이전에도 산골지역에는 제언(堤堰 ; 저수지)이라는 형태의 관개시설이 갖추어져 논농사가 이루어지고 있었지만, 하류의 낮은 지역은 그것이 불가능했다. '보'라는 것은 강의 흐름을 막아 강옆으로 물꼬를 터 몇 킬로미터 끌어간 후, 낙차를 이용해서 그 하류지역의 너른 농토에 자연스럽게 물을 대는 방식이었다. 이런 보를 이용하여, 강주변의 낮은 지대에서도 이미 16세기부터 논농사가 이루어질 수 있었다. 이 가운데서도 지리산 기슭에 가까운 덕천강 하류지역은 보를 조성하고 농경지를 개간하는 현상이 다른 어느 곳보다도 두드러졌다.

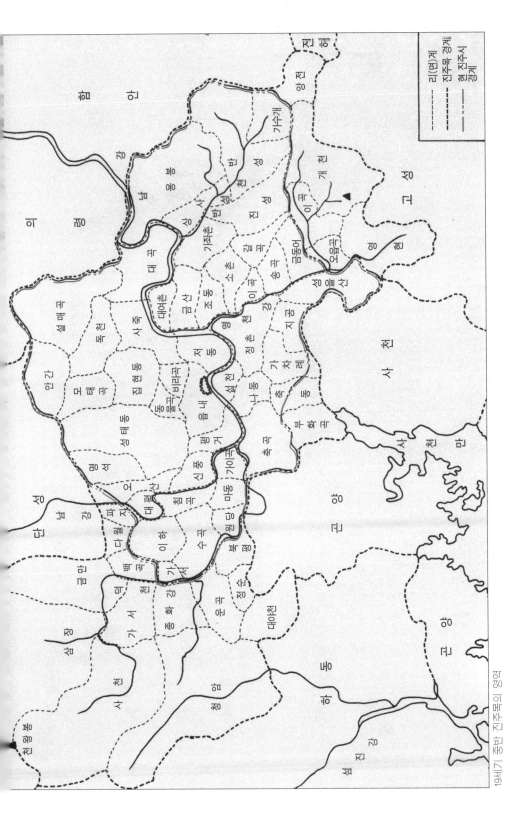

19세기 중반 진주목의 영역

토질면에서 볼 때에도 경상 우도(右道 ; 낙동강 서쪽을 말한다)는 좌도(左道 ; 낙동강 동쪽을 일컫는다)에 비해 기름졌다. 특히 지리산 주변 지역은 전국에서도 기름진 곳으로 유명했다. 조선 말기 우리 나라의 지리 연구에서 새로운 이정표를 제시했던 이중환은 《택리지(擇里志)》에서 다음과 같이 이야기한다.

"나라 안에서 가장 기름진 땅은 전라도 남원·구례와 경상도 성주·진주 등 몇 곳이다. 그곳은 논에 종자 한 말을 뿌려서 최상은 140말을 거두고 다음은 100말을 거두며 최하로 80말을 거두는데, 다른 고을은 그렇지 못하다. 경상도에도 좌도는 땅이 모두 메마르고 백성이 가난하나 우도는 땅이 기름지다. 전라도에는 좌도의 지리산 곁은 모두 기름지다. 그러나 바닷가 고을은 물이 없고 가뭄이 많다. …… 충청도의 내포와 차령 이남은 기름진 곳과 메마른 곳이 반반인데, 가장 기름진 곳도 종자 한 말을 뿌려서 60말 안팎을 거두는 곳이 많다."

토지가 비옥하면 사람들도 몰려들게 된다. 특히 향촌사회의 지배층이라고 할 수 있는 사족들이 많이 몰려들게 된다. 이중환은 다음과 같이 이야기했다.

"진주는 지리산 동쪽에 있는 큰 고을이며, 장수와 정승이 될 만한 인재가 많이 나왔다. 땅이 기름지고 또 강과 산의 경치가 좋으므로 사대부는 넉넉한 살림을 자랑하며,

저택과 정자 꾸미기를 좋아하여, 비록 벼슬은 못했으나 한가롭게 노니는 공자(公子)라는 명칭이 있다."

이처럼 진주는 비옥한 토양과 아름다운 경승을 잘 갖추고 있어서 사람들의 살림살이에 여유가 있었고, 굳이 관직에 뜻을 두지 않는 경우도 많았다. 그러나 조정에 참여해서 이름을 날린 인물들도 많이 배출되었다. 조선 초기부터 하륜(河崙)·하연(河演)·정척(鄭陟)·강희맹(姜希孟)·강맹경(姜孟卿)·류순정(柳順汀) 등 이름난 재상과 관리들을 많이 배출하였고, 이 밖에도 전국적으로 알려진 인물들이 진주에서 많이 나왔다. 조선 전기 한 때 '전국 인물의 반은 영남에서 나오고, 영남 인물의 반은 진주에서 나온다'는 말이 있을 정도였다.

진주의 토착 성씨인 강·하·정씨 출신의 인물들은 서울에 올라가 관료로 지낸 후에도 고향을 왕래하면서 종전의 토착적 기반을 그대로 유지하였다. 때로는 관직을 사퇴하고 고향으로 돌아오기도 하였고, 또 토지와 저택을 그대로 보존하면서 자신도 죽으면 고향에 묻혔다. 따라서 토착성씨를 중심으로 한 지방 사족의 세력기반이 어느 지역보다도 강하였다.

다른 지역 출신의 관리와 사족들이 이러한 토착성씨 가문과의 혼인관계를 인연으로 해서 진주지역으로 들어와 살게 되는 현상도 나타났다. 이러한 추세에 따라 정여창(鄭汝昌)·조지서(趙之瑞)·조식(曺植) 등 유명 인물이 한때 진주에 거주하면서 진주는 마침내 경상 우도 사림의 주요 근거지가 되었다.

다른 한편으로 토지가 비옥해서 소출이 많으면, 그만큼 농민에게 돌아올 수 있는 수확물은 다른 지역보다도 많게 된다. 즉 농민이 경제적으로 성장할 수 있는 지역적 조건이 마련되어 있었다고 할 수 있다. 그러나 이런 소출 이익까지도 지주나 봉건적 수탈기구가 거두어 간다면, 생산물 배분을 둘러싼 형평성 문제 때문에 지주와 전호 사이의 대립이 어느 지역보다도 커질 것이다. 어느 방향으로 결말이 나더라도, 사회변화나 저항운동의 기운이 다른 어느 지역보다도 높아질 수 있는 지역적 여건이 조성되고 있었던 셈이다.

한편 진주 서쪽 끝자락에 있던 지리산은 예부터 금강산, 한라산과 함께 신선이 사는 삼신산(三神山)의 하나로 인식되어 왔다. 남한 육지 지역에서는 가장 높은 산이고, 전남·전북 지역에서 경상남도 지역까지 넓게 퍼져 있는 웅장한 규모의 명산이었다. 이중환은 《택리지》에서 다음과 같이 이야기하고 있다.

"지리산은 남해가에 있다. …… 흙이 두텁고 기름져서 온 산이 모두 사람 살기에 알맞다. 산속에 백리나 되는 긴 골이 있어, 바깥쪽은 좁으나 안쪽은 넓어서 가끔 사람이 발견하지 못한 곳이 있고 나라에 세금도 바치지 아니한다. 지역이 남해에 가까우므로 기후가 따뜻하여 산중에는 대나무가 많고 또 감과 밤이 매우 많아서 저절로 열렸다가 떨어진다. 기장이나 조를 높은 산봉우리 위에다 뿌려두어도 무성하게 자란다. 평지 밭에도 모두 심으므로 산중에는 촌사람과 중들이 섞여서 산다. 중이나 세속 사람들이 대를 꺾고 감·밤을 주워서 수고하지 않아도 생계 꾸리기가 족하며, 농부와 공장(工匠;

장인)들이 또한 심히 노력하지 않아도 충족하다. 이리하여 이 산에 사는 백성은 풍년·흉년을 모르므로 부산(富山)이라 부른다. …… 다만 지역이 너무 깊고 막혔으므로 마을에 죄를 짓고 도망쳐 온 무리가 많고, 또 도적이 나오기도 한다. 온 산에 잡신의 사당이 많아서 해마다 봄·가을이 되면 사방에서 무당이 모여들기도 한다."

윗글에서도 알 수 있듯이 지리산은 범위가 넓고 깊은 골과 내부에 농사지을 곳이 많아, 관리들의 통제력이 제대로 미치지 않는 지역이 많이 형성되어

지리산 청학동 : 지리산에는 깊은 골 안에 토지가 비옥하고 사람이 살만한 곳이 여러 군데 형성되어 있다. 청학동도 그 하나이다.

있었다. 따라서 죄를 짓고 도망해 온 자나 도적들의 소굴이 될 가능성이 컸다. 실제로 1894년 동학군 봉기 이전에 하동군 화개면에서는, 영남·호남을 넘나들면서 기승을 부리던 도적들을 막기 위해 자체적인 방어조직인 민포(民砲)를 만들어 운영한 적도 있었다. 그리고 더 나아가 사회에 대한 저항세력의 중요한 거점이 될 수 있는 가능성이 있었다. 그것은 1870년 이필제(李弼濟)가 바로 지리산 남쪽 기슭에 위치한 덕산을 거점으로 해서 변란을 일으키려고 했던 것을 보면 알 수 있다.

6. 남명학파의 본거지, 진주의 성쇠

조선 성리학의 극성기인 명종·선조년 사이에 퇴계 이황(退溪 李滉)과 더불어 영남 성리학의 양대 산맥을 이루어 학계를 주도해 왔던 남명 조식(南冥 曺植)도 이러한 지역적·역사적 조건 아래에서 진주 지리산 자락의 덕산을 근거지로 활동하고 있었다.

그의 사상은 성리학에 바탕을 두었으며, '경(敬 : 내적인 수양을 통해서 마음을 바로 잡는 것)'과 '의(義 : 행동에서 바른 길을 따르는 것)'가 그 알맹이를 이루고 있었다. 그의 학풍은 관직에 나아가는 것에 얽매이지 않는, 은둔적인

덕산의 산천재(산청군 시천면
사리) : 남명이 만년에 거주하며
제자들을 기르던 곳

산림(山林)학풍의 성격이 강했다. 한편 현실참여에 있어서는 과격하고 때로는 저항적인 기질을 발휘할 가능성이 어느 학풍보다도 컸다. 그의 독특한 학풍은 이미 한양에서 생활하던 시기부터 형성되고 있었다. 게다가 그가 말년에 옮겨와 살던 곳이 지리산 기슭에 있었던 것으로 보아, 지리산의 풍모에 맞는 높은 기개를 키우고 유유자적할 수 있는 진주의 지역 조건에 영향받은 바도 컸을 것으로 짐작된다.

그의 학문은 진주지역뿐만 아니라 우도 사림 전체에 큰 영향을 미쳤다. 성주의 김우옹(金宇顒)·정구(鄭逑), 합천의 정인홍(鄭仁弘), 고령의 김면(金沔), 산청의 오건(吳健), 진주의 최영경(崔永慶) 등 당시 영남지역뿐만 아니라 전국적으로 알려진 중요한 인물들이 남명의 학맥을 형성해 가고 있었다. 이 밖에도 남명의 학맥을 잇는 유명한 인물들이 많았지만, 특히 산천재(山天齋)가 자리잡은 진주목 일대에는 이런 인물들이 많이 있었다.

남명이 세상을 떠난 이후 제자들은 스승을 기리고, 그의 학맥을 이어가기 위해 덕산에 덕천서원(德川書院)을 창건하였다. 이 서원의 창건을 주도했던 자들은 최영경·하항(河沆)·하응도(河應圖)·손천우(孫天祐)·류종지(柳宗智) 등 진주지역에 살고 있던 인물들이었다. 덕천서원은 남명학파의 총본산으로서의 역할을 하고 있었기 때문에, 이 서원이 있는 진주는 우도 사림을 결속하는 중심지 역할을 하게 되었다.

경상 우도에 거점을 둔 남명학파는 남명이 죽은 후 전개되었던 동인·서인 분당, 남인·북인 분당 및 대북·소북 분당에 각각 하나의 세력으로 참여

하면서 당시 정계에 커다란 영향을 미치게 되었다. 1589년 정여립(鄭汝立) 모반사건으로 최영경·유종지 등이 연루되어 죽는 등, 한때나마 남명학파의 사림들이 어려움을 겪은 때도 있었다. 그러다가 임진왜란을 거치면서 곽재우·정인홍·김면·조종도 등 우도 사림들의 눈부신 의병활동으로 입지가 강화되어, 선조 말년에서 광해군대에 걸쳐 그들은 전성기를 누리게 되었다.

특히 광해군대에는 남명의 수제자인 정인홍을 중심으로 하는 대북정권이 맹위를 떨쳤다. 그런데 대북정권은 광해군이 임해군·영창대군 등 형제를 죽이고 어머니인 인목대비를 서궁에 유폐하는 패륜을 저지르게 하였다. 이 때

덕천서원(산청군 시천면 원리) :
남명 조식을 제향하는 서원으로,
남명학파의 가장 중요한 거점이었다.

문에 서인을 중심으로 한 인조반정이 일어나 광해군은 왕위에서 쫓겨났다.

이를 계기로 정인홍을 비롯한 대북파 인사들은 비참한 최후를 맞거나 제거될 수밖에 없었다. 이와 함께 정인홍 세력의 근거지인 경상 우도, 그 가운데서도 특히 진주권 지역(지금의 경남 서부지역)은 반정 이후 조선 말기까지 억압받고 따돌림받는 지역이 되었다.

같은 영남지역에 기반을 둔 퇴계학파(남인) 쪽에서조차, 전날 정인홍이 퇴계를 공격한 사건으로 생긴 감정 때문에, 빈번하게 우도의 대북 잔당을 색출하고 징계를 가하고 있었다. 일단 그들에 의해 지목되면 본인과 문중은 사족으로서의 입지가 약화되는 상황이었기 때문에, 경상 우도 사족들은 대거 남인으로 입장을 바꿀 수밖에 없었다.

게다가 영조 4년(1728) 노론정권을 뒤엎기 위해 일어난 무신란(戊申亂 ; 이인좌란)에 다시 안음현(安陰縣 ; 후에 '안의'로 개칭되었는데, 1914년 행정구역 통폐합 때 안의지역의 반은 함양으로, 반은 거창으로 편입되었다)에 세력기반을 둔 정희량(鄭希亮)을 비롯한 우도 사족의 일부가 깊이 개입한 것 때문에 우도의 사족들은 또 다시 타격을 입게 되었다.

정희량은 인조반정 이후 우도 사림 가운데 가장 정치적 진출이 두드러졌던 정온(鄭蘊)의 현손이었다. 정온은 원래 정인홍의 제자였지만, 광해군 때의 인목대비 유폐사건에 대항하면서 그 계열에서 이탈해 남인으로 돌아섰다. 그는 병자호란 때에는 목숨을 걸고 청나라와의 강화를 반대했던 인물이기도 했다. 이런 행적 때문에 그는 유림들 사이에서 널리 칭송되고 있었다. 이후 그의 후손들은 중앙에 진출한 남인과 교류하면서 우도 사림과의 관계가 약해져 갔다. 정희량이 영남에서 반란을 모의할 때도 주된 교섭대상이 안동을 중심으로 한 경상 좌도의 사족이었다. 그런데 정작 거사단계에서 좌도 사족들이 소극적으로 나왔기 때문에, 정희량은 자신의 경제적 기반이 있는 안음을 중심으로 하여 경남 북부지역에서 반란을 꾀하게 되었다.

  이러한 반란에 우도 사림의 중심지였던 진주 및 인근 고을 사람들의 동조는 거의 없었고, 반대로 반란세력을 토벌하겠다고 하는 적극적인 움직임도 좌도에서처럼 두드러지게 나타나지는 않았다. 그런데도 이 반란이 우도에서

동계 정온의 종가(거창군 위천면 강천리). 무신란 때 영남에서 난을 주도한 정희량은 정온의 후손이다.

일어났다는 이유 때문에, 우도 사림의 전통은 그 근원인 남명의 학문에서부터 잘못되어서 정인홍과 같은 인물이 나오고 무신란도 일으켰다고 보는 견해가 제시되고 있었다. 영조 16년(1740) 당시 검토관(檢討官 ; 경연청의 정6품 벼슬)이던 이천보(李天輔)는 왕에게 다음과 같이 아뢰었다.

"조식의 학문 방향은 순수하거나 바르지 못해서 그 문하에 정인홍이 나왔으니, 그것은 마치 순자에게서 이사(李斯 ; 진시황을 도와 중국을 통일한 인물)가 나온 것과 같습니다. 조식이 우도에 살았으므로 우도의 사림들은 오로지 기(氣)만 숭상하였지만, 이황은 좌도에 살았으므로 무신란 때에 한 사람도 범한 자가 없었고 오늘에 이르기까지 학문과 덕행으로 이름을 남긴 사람이 많습니다."

이런 의견은 당시 정권을 장악하고 있던 노론에서만 제기된 것은 아니었다. 이미 선조 때부터 남명학풍을 이단시하는 논리가 퇴계학파에서도 제기되었다.

무신란을 계기로 노론정권은 영남 사족을 탄압하는 한편, 이들 속에 노론세력을 확산시키려고 회유작업을 벌였다. 그러나 좌도에서는 당파를 초월해서 존경받던 퇴계의 학풍을 기반으로 남인들이 튼튼하게 결속하고 있었다.

이에 비해 남명학파의 위세가 침체되고 사림들이 이미 여러 갈래로 분열되어 버린 우도에서는 많은 사림들이 노론 입장으로 변해 갔다. 우도에서는 이미 이전부터 서인·노론의 가문이 존재하고 있었지만, 이처럼 남명사상이 이단시되고 경상 우도가 마치 반역향(叛逆鄕)으로 취급되는 상황에서는 이런 가문들이 더욱더 늘어날 수밖에 없었다.

 이처럼 경상 좌도의 남인과 달리, 단결력이 약화된 채로 남인·노론으로 분열되어 가면서 우도 사림들은 전반적으로 침체해 갈 수밖에 없었다. 그러나 정치적인 당파의 입장에서는 이렇게 분열되고 침체되어 가면서도, 그들은 경·의를 중시하고 저항적인 성격을 다분히 지닌 남명학풍의 전통을 이어 가려고 노력하고 있었다. 사림의 침체로 인한 사회적 불만과 이런 저항적 학풍의 전통은 역사적으로 계기가 주어지면 다시 드러날 가능성이 있었다. 이것은 결국 진주농민항쟁 초기 단계에서 사족들의 집단적 정소운동으로 표출되었고, 그 운동이 농민항쟁의 도화선 역할을 하게 되었다.

7. 수탈에 대항하는 다양한 저항운동

봉건적 수탈에 반대하는 농민들의 투쟁은 19세기에 들어와 다양한 형태로 전개되고 있었다. 우선 조세수탈의 중압을 이기지 못해 관청에 신고도 없이 다른 곳으로 떠나버리거나, 양반 상전들의 수탈에 견디지 못한 노비들이 다른 곳으로 떠돌거나 숨어들어가 버리는 것이 그 하나이다. 이런 사람들은 결국 다른 곳에 정착하여 온순한 백성으로 사는 경우도 있었지만, 그렇지 않은 사람들도 많았다. 그들은 국가권력의 영향이 미치지 않는 곳으로 숨어들어가 '화외(化外 : 국가의 교화를 받지 못한 것을 뜻함)'의 백성인 도적이 되어 봉건적 질서에 타격을 주는 행동을 서슴치 않았다. 이것은 이미 예부터 있어왔던 것으로, 초보적이며 소극적인 투쟁 형태이다. 이러한 투쟁은 19세기 전반기에 와서 더욱더 격화되었다.

19세기에 이르러 봉건질서에 대해 좀더 적극적인 형태의 저항운동이 빈번하게 전개되었다. 이런 형태에는 '와언(訛言 : 유언비어)', '괘서(掛書 : 삐라를 벽이나 문에 붙이는 것)'나 '투서', '산호(山呼 : 산에 올라가 외치는 것)' 등이 있었다. 와언에 대해서 다산 정약용은 《목민심서》에서 다음과 같이 이야기하고 있다.

"근년 이래 공납과 부역이 번거롭고 양이 증가하며 관리들은 고약해졌다. 백성들은 어떻게 해도 살 수가 없어 모두 난리가 일어날 것을 기다리고 있다. 요망한 말들이 동쪽에서 일어나면 서쪽에서 어울려 퍼진다. 법문에 비추어 이들을 잡아 죽인다면 한 사람도 살아남을 백성이라고는 없을 것이다. 그러나 돌아가는 말에 의하면 '와언은 걸어서 보리에 묻는다'고 하였으니, 보리가 익어서 농사 일이 바쁘게 되면 백성들은 서로 왕래하지 않게 되고 와언은 저절로 멎는 것이다."

와언은 마을에서 농사짓고 살던 백성들의 가장 초보적이면서도 동시에 가장 다양하고 많은 대중을 포괄하는 투쟁형태였다. 그 가운데는 유치한 것도 있었고 수준이 높은 것도 있었다. 《정감록(鄭鑑錄)》의 부분적인 문구들이 와언으로 떠돌아다닌 것은 18세기 이래의 일이었고, 그 밖에도 왕실을 원망하거나 고을의 수령과 향리들을 규탄하는 와언들이 별의별 형식으로 전파되고 있었던 것이다.

살아있는 수령이나 향리들을 호랑이가 물어갔다고 소문을 퍼뜨리는 것도 와언이며, 관가에 불이 나서 문서가 불타버려서 환곡을 받을 근거가 없어졌다는 거짓말이나 과장된 말을 퍼뜨리는 것도 와언투쟁이었다. 그것은 단순한 거짓말이나 과장이 아니었다. 지배계층의 수탈상을 폭로·규탄하고 당시의 인민들의 심정을 표현하며 그들의 심금을 울리는 것이었고, 소박한 구상과 표현력을 가지고 있어서 일정한 활력을 가지고 있었던 것이다.

투서나 괘서도 와언과 함께 통치자들이 무서워하는 민중의 투쟁형태 가운데 하나였다. 이런 일에 직접 관련된 자들은 대명률(大明律)에 의해 목을 베어 죽이는 것이 원칙이었다. 이런 문건을 불태워 버리지 않고 여러 날 가지고 있거나 말을 옮기는 자도 중벌을 면할 수 없었다. 그런 위험성을 알면서도 이같은 일에 나선다는 것은 그만큼 투쟁이 과감한 성격을 띤 것이라고 하지 않을 수 없다.

이상의 투쟁형태는 개별성을 띤 것이라고 할 수 있다. 그보다 더 대중성을 띤 투쟁형태의 하나로 산호를 들 수 있다. 정약용은 산호란 '관가의 정사가 좋지 못하여 향리나 백성들 가운데 원한을 품은 자들이 산에 올라가 소리치면서 욕질하는 것'을 말한다고 하였다. 여기에 그치지 않고 밤에 횃불을 치켜들고 시위하며 소리치는 경우도 있다고 그는 소개하고 있다.

한편 주민들은 합법적인 틀 안에서 등소(等訴 ; 여러 사람의 이름으로 고을 관아에 소장을 내는 것)나 의송(議送 : 고을을 넘어 감영에 소장을 내는 것)운동을 벌여, 지방 관리의 부정을 폭로하고 부세문제에 대한 모든 향촌민의 조직적인 대응을 끌어내기도 하였다. 이 시기에는 민은(民隱 ; 백성의 고통)에 관하여 관에 호소하는 것은 허용되고 있었다. 이는 농민항쟁이 벌어진 이후 경상감사의 장계에서 '억울한 일이 있으면 관에 정소하여 법에 따라 판결을 내린다'고 하였듯이, 백성이 합법적으로 관에 호소하는 방법이었다.

이는 읍 차원뿐만 아니라 감영, 비변사 등 상위 관청까지도 가능하였다. 당시 비변사에서도 '관에 정소를 올려 들어주지 않으면 감영에 정소하고 감영에 정소하여 들어주지 않으면 격쟁(擊錚 ; 꽹과리를 올리고 북을 치며 왕에게 호소하는 것)이 모두 가능하다'고 하였다. '읍→감영→비변사→왕'이라는 단계적 정소체계가 법적으로 존재하였던 것이다.

그러나 등소나 의송, 격쟁 등의 방법으로 농민의 모든 요구사항이 해결되는 것은 아니었다. 오히려 그것을 빌미로 관의 탄압이 가중되는 경우도 많았

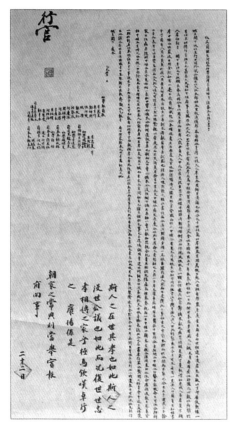
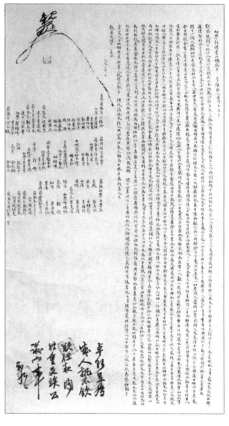

다. 따라서 이러한 평화적 투쟁이 관철되지 않으면 저항운동은 때로 폭력적인 운동으로 발전하는 것이다.

진주지역에서도 이런 다양한 투쟁이 전개되었다. 진주지방에서는 다른 지역과 마찬가지로 이전부터 환곡 문제가 심각하여 진주민들이 이를 해결하기

고을에 내는 등소

감영에 내는 의송(당시의 사건과
관련된 것은 아님).

위한 여러 가지 방법의 운동을 전개해 왔다. 1850년에는 박수익 등이 환곡의 양이 늘어서 가난한 호가 감당할 수 없다고 왕에게 직접 호소하는 격쟁의 방법을 이용하였다. 그러나 민은에 관한 문제를 함부로 격쟁하였다고 처벌을 받았을 뿐이었다.

이후 1855년부터 포흠을 채우려는 목적으로 도결이 행해지면서 저항은 본격화되었다. 몇 년 사이에 환곡 포흠에 대한 진주민들의 부담은 급격히 불어났다. 1859년 농민들의 주장에 의하면, 5년 사이 18만 3,900여 냥을 거두어 갔다고 하였다. 게다가 처음에는 1년에 한 차례씩 거두었으나 이후 차츰 빈도가 잦아져서 1년에도 여러 차례 거두었다. 진주민은 이 문제를 해결하기 위해 여러 차례 저항하였다. 처음에는 체제가 허용하는 범위 안에서 등소의 방법을 사용하여 호소하였다.

그런데 읍에 등소를 하고 감영에 의송을 보냈지만, 앞에서 보았듯이 도결은 진주만의 사례가 아니라 중앙 정부의 포흠 충당에 대한 대책으로 행해졌으므로, 읍이나 감영 차원에서 해결되기는 어려웠다. 그래서 1859년에는 마침내 진주민들이 집단상경하여 비변사에 연장을 올리고 호소하였다. '진주라 천리 길'이라는 말이 있듯이 서울에서 멀리 떨어져 있는 진주의 지리적 위치를 감안할 때, 집단상경은 진주민들의 의지가 어느 정도였던가를 충분히 보여주는 일이었다. 이에 대해 중앙에서는 포흠한 자에게서 채우도록 하고 도결을 혁파하라고 지시하고, 아울러 1855년 이래의 도결에 관여한 수령들을 처벌하도록 하였다.

그러나 이는 도결이 불법적인 수취라는 점을 인정하는 정도의 현상적인 조치에 불과하였고 포흠에 대한 실질적인 대책이 마련된 것은 아니었다. 그렇기 때문에 도결은 쉽게 포기되지 않았다. 1861년 5월에도 당시 신임목사였던 신억이 1결당 2냥 5전씩 도결을 시행하려 하였다. 그로서도 달리 포흠을 채우는 방법을 마련할 수 없었기 때문이다. 이때도 진주민들은 이를 거부하고 유계춘이 중심이 되어 비변사에 등소하려고 준비하였다. 이 때문에 목사는 도결을 포기하였다.

수령과 진주민 사이에 환곡을 둘러싼 마찰은 오랫동안 계속되었다. 그리고 농민들의 끊임없는 반발 때문에 환곡을 거두는 것은 부실하였고, 이로 인해 수령이 자주 교체되었던 것 같다. 환곡 포흠이 발생한 때부터 약 15년 동안 진주목사가 16번이나 바뀌었던 것이다. 신억도 반년 만에 교체되었다. 수령의 임기가 5년 정도인 것을 감안하면, 얼마나 자주 바뀌었는가를 알 수 있다.

1861년 겨울 홍병원이 목사로 부임하면서 다시 도결을 계획하였다. 1861년 12월 도결이 결정되자 진주민들은 진주목과 감영에 도결의 부당함을 호소하였다. 그러나 별 효과가 없었다. 그러던 가운데 진주에 위치한 우병영에서도 진주목의 도결 결정을 틈타 병영의 환곡포흠을 해결하고자 하였다. 도결에 뒤이은 통환의 충격은 매우 컸다. 결국 진주민들은 진주목과 우병영의 이러한 조치를 취소시키기 위해 다른 방법, 즉 무력봉기에 호소하지 않을 수 없었다.

8. 항쟁 초기단계의 선도세력은 사족층

그러면 진주농민항쟁을 이끌어 간 주도세력은 어떻게 구성되었는가. 농민항쟁 참여세력은 주도층과 참가 대중으로 나눌 수 있다. 주도층은 처음부터 모의에 가담한 층과 전개과정에서 항쟁을 선도한 층을 말한다.

농민항쟁 이후 진주에 내려온 안핵사 박규수는 많은 시간을 소비하면서 농민항쟁의 원인이 되었던 환곡포흠의 상황과 농민항쟁에 관련된 인물들에 대해 조사하고, 이에 대한 보고서를 올렸다. 그의 보고서에서는 진주농민항쟁과 관련하여 100명 정도의 죄인을 제1급 죄인 3명, 제2급 죄인 7명, 제3급 죄인 19명, 제4급 죄인 24명, 제5급 죄인 24명, 제6급 죄인 16명 등 6등급으로 나누어, 그들 각각의 죄상에 대해 간략하게 언급하고 있다. 박규수는 제1급 죄인 3명에 대해서는 극률(極律 ; 사형)에 처하고 제2급은 엄중한 형벌, 제3급은 별반엄징(別般嚴懲 ; 별도의 무거운 형벌)을 시행할 것을 제의하였다. 이 가운데 제3급까지의 인물들을 등급별로 소개해 보면 다음과 같다.

제1급 : 유계춘, 김수만(金守萬), 이귀재(李貴才)

제2급 : 이계열(李啓烈), 박수익, 정순계(鄭順季), 곽관옥(郭官玉), 우양택(禹良宅), 최용득(崔用得), 안계손(安桂孫)

제3급 : 천잉금(千芿金), 조성화(趙性化), 원세관(元世官), 조석철(曺錫哲), 김정식(金正寔), 강수복(姜守福), 정지우(鄭之愚), 심의인(沈義仁), 하철용(河哲用), 성계주(成啓周), 강화영(姜華永), 배석인(裵石仁), 하원서(河元瑞), 하대겸(河大謙), 박찬순(朴贊淳), 강인석(姜仁石), 사노 귀대

(貴大), 사노 우돌(孟乭), 조복철(曺卜哲)

사실상 이 제3급까지의 인물들이 진주의 농민항쟁을 모의하거나 농민항쟁 과정에서 중요한 역할을 했던 사람들이었다. 이 밖에도 취조 이전에 도망해 버려 죄의 등급을 메기지 못한 중요 인물들이 많이 있었다.

이 가운데 초기부터 모의를 계획하고 진행시킨 인물들을 '초기 지도부'라고 칭할 수 있다. 초기의 도결·통환에 대하여 대책을 강구한 중심적인 인물은 이명윤, 유계춘, 이계열 등이다. 이들은 당시 계층 구성으로 본다면 각기 명문 사족, 몰락 양반층과 농민층을 대표한다고 볼 수 있다.

박규수가 항쟁을 뒤에서 조종한 '요호호민(饒戶豪民 : 부유하고 세력 있는 백성)'이라고 일컬었던 대상은 대체로 사족으로서 상당한 부와 권세를 지닌 자들이었다. 따라서 그는 사족과 '요호호민'을 거의 비슷하게 일컫고 있다. 이들 요호호민은 다음 두 가지 측면에서 초기에 반관투쟁에 관심을 두었다.

첫째, 경제적인 측면에서 그들 또한 도결·통환의 영향을 받았다. 원칙적으로는 그들의 토지도 도결에서 제외되지 않았던 것이다. 당시 소작인에게 전세를 떠넘기는 것이 이 지역의 관행이라고 하더라도, 소작인이 파산하여 세를 물지 못하면 지주에게 그 부담이 되돌아갈 수 있었다. 따라서 그들의 토지에 도결이 부과되는 자체가 그들의 토지경영에 부담을 준다. 둘째, 사회적인 측면에서 사족들은 이미 수령과 이서들에 의해 조종받을 정도로 권위가 약화되었다. 관에서 향회를 열어 사족들을 동원하여 부세 수취를 합리화하

는 데 이용할 정도였다.

박규수는 항쟁 시초에 통문을 돌리면서 사람을 모으는 과정이 있었음을 주목하고, 이를 주도한 자는 당연히 글을 알고 동시에 지역 기반이 있어서 향촌 안에서 세력이 있는 자라고 보았다. 박규수가 사족 또는 요호호민을 지목하는 이유가 여기에 있었다. 그리고 그 대표적인 인물로 이명윤을 들었다.

이명윤의 호는 안호(安湖)이고 본관은 전주이며, 정종의 10째 아들인 덕천군(德泉君)의 14세손이었다. 덕천군의 10세손인 이익년(李翼年)이 진주 목사로 부임할 때 그의 조카이던 이집(李僷)이 여기에 따라와 축곡리에 정착하게 되었다고 한다. 이집은 이명윤의 증조였다. 그 이후 이 가문에서는 벼슬에 나간 사람이 없다가 이명윤에 와서야 벼슬길에 나갔다. 그는 1836년(헌종 4년) 문과에 급제하여 성균관, 사헌부, 사간원, 홍문관 등 주로 청직에 나아갔

이명윤 추모비(나동면 내평리) : 근래 자손들에 의해 세워졌다. 비문에는 그가 농민항쟁과는 전혀 관계없는 것으로 기재되어 있다.

다. 그러나 철종대에 와서는 홍문관 부교리, 교리 등을 제수받았으나 사양하고 향리에 은거하였다.

〈표 1〉 이명윤, 이계열 가문의 계보표

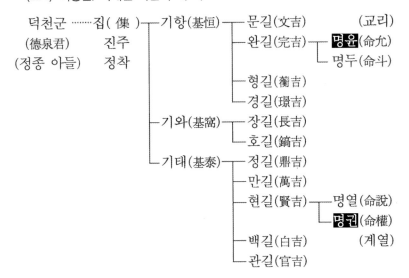

그는 전직 중앙관료 출신으로서 중앙권력으로부터는 소외되어 있었지만, 향촌에서는 상당히 명망이 있었고 경제적으로도 여유가 있는 지주였다. 이러한 지위 때문에 이전의 목사들과 이서들은 읍의 중대한 일로 향회를 열 때마다 그를 여기에 끌어들이려 했다. 그러나 이미 관의 보조기구로 전락해버린 향회에 참석해 보아야 결국 수령이나 이서들의 불법수취를 정당화하는

데 이용당하기 때문에, 그는 아예 향회에 참석하지 않는 것을 가문의 규율로 삼을 정도로 철저히 향회를 기피하였다. 홍병원이 목사로 부임해 와서 도결을 실시하고자 향회를 열었을 때도 홍병원이 직접 서신을 보내 이명윤의 참여를 간청하였지만, 그는 병중이란 핑계를 대고 끝내 참여하지 않았다.

그런데 이때 도결·통환이 결정되면서 중앙관료 출신인 그에게까지 부담이 지워졌다. 이 당시에는 서원·사찰 등에 속한 일정량의 토지는 환곡의 부과가 면제되고 있었는데, 아마 중앙관료를 지낸 집안에 대해서도 그 면제 혜택이 주어지는 것이 관례로 되고 있었던 것 같다. 그는 목사에게 직접 도결에서 제외시켜 줄 것을 요청하였으나 거절당하였다. 이로 인한 불만이 작용했겠지만, 그는 초기 항쟁 논의 과정에 참가하였고 이를 위한 읍회 개최를 적극적으로 지지하였다. 그의 지위나 명망은 준비 활동에 어느 정도 도움이 되었다.

그러나 앞에서 보았듯이 이때의 상황은 관에 등소하는 등, 합법적인 방법으로 문제를 해결할 수 있는 단계는 넘어섰다. 자연히 '철시'와 같은 보다 적극적인 행동을 요구하는 의견이 대두되었다. 이런 방법을 반대한 그는 곧 논의에서 이탈하였고 이후에는 거의 관여하지 않았다. 그의 계층적인 한계를 나타내는 모습이다.

이러한 예에서 드러나듯이 사족 또는 요호층이 항쟁 주도세력이었다고 보기는 어렵다. 진주 유력 사족가문인 창녕성씨 출신의 성계주(成啓周)나 향임직을 지냈던 조학면(趙學勉) 등 일부 사족들이 초반부에 항쟁 분위기를 돋우는 역할을 했고, 또 초군을 동원하는 데 앞장섰던 것은 사실이다. 그렇지만 항쟁 전반에 걸쳐서 볼 때, 그들은 항쟁세력을 통제할 수 있는 주도세력이 될 수 없었다. 그 주도세력에 극히 일부 유력 사족이 부차적으로 참여하는 형태를 띠었을 뿐이었고, 나머지는 본격적 항쟁과정에서 이탈해 버렸다.

다음으로는 몰락양반의 역할을 들 수 있다. 진주농민항쟁의 최고 지도자인 유계춘이 바로 몰락양반에 속했다. 유계춘은 본래 진주 원당리(元堂里) 출신이었다. 그는 문화유(文化柳)씨로서 남명 제자 가운데 한 사람인 조계 유종지(潮溪 柳宗智)의 9대손이었다. 유종지는 두 번이나 참봉(參奉)직을 제수받았으나 나아가지 않고, 각재 하항(覺齋 河沆)과 수우당 최영경(守愚堂 崔永慶)과 더불어 교유하며 이 지역에 큰 영향력을 미치고 있었다. 그러다가 그는 1589년 정여립 모반사건에 연루되어 최영경과 함께 도성에 끌려가 신문당하다가 44세의 나이로 세상을 떠났다. 그 후 그는 억울함을 호소하는 성균관 유생들의 상소에 의해 누명이 벗겨지고 대각(大覺)서원에 배향됨으로써, 그 가문의 지위는 다시 회복되었다.

그러나 그의 후손대에 가면 그의 아들인 유이영(柳伊榮)과 손자인 유해(柳楷)가 각각 훈도(訓導), 찰방(察訪) 등의 낮은 벼슬을 한 것 외에는 벼슬을 한 사람이 없었고, 가문의 위세가 점차 침체되었던 것으로 보인다. 후손들은 대대로 수곡·원당리에서 거주하고 있었지만, 사회경제적 기반이 거의 없는 몰락양반으로 떨어져 있었던 것 같다. 유계춘은 부친 유지덕(柳之德)이 일찍 죽은 후 홀어머니 진양정(晉陽鄭)씨 밑에서 성장하였기 때문에, 토지가 거의 없는 빈한한 처지에 있었던 것으로 보인다. 그는 35세 되던 해(1850년경) 어머니를 따라 원당리에서 가까운 축곡리 내평촌으로 이주하였다.

이 무렵부터 그는 환곡의 폐단을 지적하면서 고을 여론을 주도하고 여러 차례 집회를 열어서 읍과 감영, 그리고 나아가 비변사에까지 등소를 올리는 등, 진주지역 안에서 중요한 활동을 펴나가기 시작하였다. 진주농민항쟁 때 논의를 이끌고 주변 인물들을 모아서 실질적인 항쟁준비를 지도한 사람도 그였다.

〈표 2〉 유계춘의 친가·외가의 계보표

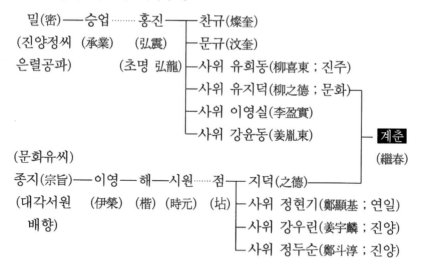

유계춘 외에도 상당수의 몰락양반으로 추정되는 인물들이 농민항쟁에서 중요한 활동을 한 것 같다. 이 시기 지배집단에서 탈락한 몰락양반들은 이미 정치·경제적 기반을 거의 상실하였다. 즉 그들은 중앙권력에 참여할 수 있는 기회가 박탈되었으며 경제적 위치도 농민층과 다를 바 없었던 것이다.

이러한 현상은 조선왕조의 봉건적 신분질서가 해체되어가는 한 측면이기도 하다. 그 결과 몰락양반들은 생계가 곤란하였을 뿐 아니라, 사회적 대우도 제대로 받지 못하였고 새로운 수탈구조 안에서 침탈의 대상으로 전락되어 있었다. 그런 만큼 당연히 현체제에 대한 불만과 그 변혁에 대한 갈망도 컸다. 또한 그들은 어느 정도 학문적 소양이 있어서 농민층을 지도하는 역할을 담당할 수 있었다.

9. 본격적 항쟁의 핵심세력은 농민층

이들과 함께 진주농민항쟁의 주체로서 한 축을 담당한 계층이 농민층이었다. 박규수는 이들이 '물정을 모르는 무식한 무리들'이기 때문에, 독자적으로 행동하였다기 보다는 다른 계층 주모자들의 사주에 의하여 움직였다고 보았다. 그는 당시 성장하고 있던 농민층의 의식수준을 제대로 파악하지 못했다. 그러나 이미 농민들의 항쟁 참여가 상당히 자발적일 정도로 농민들의 상황은 달라져 있었다. 고을 폐단에 대한 끈질긴 저항을 통하여 농민들의 의식은 성장하였고 집단화되어 갔다. 그리고 농민들은 상품경제의 발전 등 사회변화 속에서 당시의 사회체제에 대한 모순을 어느 정도 인식하고 있었다.

같은 몰락양반층이면서도 농민층과 긴밀한 관계를 유지하며 그들을 조직화한 인물은 이계열, 즉 이명권(李命權)이었다. 그는 이명윤과는 6촌 사이였다고 한다. 그러나 이 시기에는 일가라고 하더라도 모두 같은 처지는 아니었다. 일가 안에서도 사회적 처지가 다를 수 있었고, 지주 - 전호관계로 얽혀 있을 수도 있었다. 이계열은 비록 이명윤과 6촌 사이였지만 가난한 농민에 불과하였다. 박규수가 '그 위인을 보면 한 개 거름통을 지고 소를 모는 농사꾼이다. 그 말하는 소리를 들으면 전혀 무지몰각한 어리석은 백성이다'라고 표현하였듯이, 그는 무식한 농사꾼으로 보였다. 그렇다고 해서 유력 사족과 교유를 하지 않았던 것은 아니다. 《간정일록(艱貞日錄)》에 의하면, 그는 뒤에 언급할 단성민란의 주도자 김령(金欞) 등과도 평소 교유하고 있었고, 진주농민항쟁 이후 그가 임자도에 유배되어 있을 때에도 곧 이어서 유배된 김령과 친밀하게 지냈다고 한다.

그는 유계춘과 매우 밀접한 관계를 가지고 활동하였다. 유계춘의 주장에 동조하였을 뿐만 아니라, 스스로 농민들의 대표를 자임하면서 농민들의 여론을 수렴하여 유계춘에게 전달하였다. 그가 항쟁과정에서 벌인 활동은 자세히 드러나지는 않는다. 그러나 그가 초기 모의과정에서부터 읍회, 읍내활동까지 모두 참가하였으며 항쟁시 주체세력인 초군의 좌상이었다는 점에서 진주농민항쟁의 가장 중요한 인물로 꼽을 수 있다.

이계열이 몰락양반으로 농민들에게 앞장을 섰다고 한다면, 앞에서 언급했던 제1급 죄인인 이귀재나 김수만 등과 제2·3급 죄인인 안계손, 강인석 등은 순수하게 농민출신으로 추정된다. 이귀재는 박규수의 보고서에 따르면 의령에서 흘러들어 온 자로 되어 있으나, 죄인 취조서에는 용봉면 승음촌(龍奉面 勝陰村 ; 지금의 지수면 승산리)에서 부모와 같이 거주하였던 것으로 나타난다. 승산리는 예부터 김해허씨가 동족촌락을 형성하고 강력한 경제적 기반을 지니고 있던 곳이어서 다른 성씨가 기반을 잡고 살 수 있는 곳은 못되었다. 따라서 이귀재의 부모가 의령에서 여기로 흘러들어 와서 소작농으로서 근근이 생계를 유지해 가고 있었던 것이 아닌가 생각된다.

안계손이나 강인석도 바로 용봉면 출신으로서 이귀재와 함께 행동하였는데, 그들도 각각 염소군(焰銷軍), 모군(募軍)이라는 군역을 지고 있는 것으로 보아 농민 출신으로 추정된다. 김수만은 수첩군관(守堞軍官 ; 성을 지키는 일을 맡은 군관)으로 나타나지만, 그도 농민출신으로 장교직을 수행했던 것으로 보아야 한다. 왜냐하면 그가 거주하던 독천면 정별촌(禿川面 正別村 ; 지금의 미천면 정성동)에는 그 당시 김씨 성을 가진 세력 있는 사족 가문이 없었기 때문이다. 앞에서 언급된 주요 죄인들의 신상을 밝힐 수 있는 자료가 없어서 그들의 계층적 성격을 모두 파악할 수는 없지만, 이들 가운데는 이 밖에도 농민 출신이 많았을 것으로 짐작된다.

이러한 농민층 가운데서도 빈농층이라 할 수 있는 초군은 농민항쟁의 중요한 핵심세력이었다. 진주항쟁은 '초군작변(樵軍作變)'이라고도 불리웠다. 초군이 대거 참여하였고, 또 그들이 항쟁의 중심세력이었기 때문이다. 초군이란 본래 나무꾼을 지칭한다. 그러나 '산에 오르면 나무꾼이요 들에 나가면 농부라' 하듯이 이들은 바로 농민들이었다. 이는 초군들이 농한기에 사건을 일으켜서 감옥에 갇혔다가 5월 농번기라고 풀려나는 예에서도 잘 드러난다.

이 시기 목재는 집안의 땔감용일 뿐 아니라 상품성이 상당히 커서 시장에서 판매되기도 하였다. 수요가 많은 읍내, 나아가 다른 고을의 장시까지 판매가 이루어졌다. 땔나무를 해서 파는 일이 농한기 동안 농가의 가계보충에 이용되었고, 여기에만 전적으로 매달리는 농민들도 존재했던 듯하다. 특히 경작지가 부족한 빈농들이 적극적으로 매달렸다. 초군들은 무엇보다도 자신들의 생계나 경제적 이익을 위하여 활동하였다. 이들은 공동 소유지뿐만 아니라 개인 소유의 산지나 벌목이 금지된 지역에서까지 벌목하여 문제가 생기기도 하였다.

벌목이 성하고 초군들의 수가 늘어나면서 이들의 집단적 성격도 강화되었다. 1789년(정조 13년)에는 땔감을 판매하러 나온 듯한 초군들이 도한(屠漢 ; 도살업자)과 장시에서 싸우다가 무리를 지어 인가를 파괴하고 끝내 관아 마당에 뛰어든 사건이 발생하였다. 사건의 원인은 알 수 없으나 장시에서 사건이 발생한 점을 보면, 땔감 판매과정에서 문제가 생긴 듯하다. 여기서 초군들이 집단적으로 행동하였다는 점과 관아 마당에까지 뛰어들었다는 점이 주목된다. 1846년(헌종 12년) 영덕에서도 읍내 초군들이 외촌에서 벌목하여 여러 차례 등소가 일어났다.

진주에서 초군의 동향도 주로 벌목사건과 관련하여 찾아볼 수 있다.

① 정촌리(井村里) 호탄동(虎灘洞) 주민의 소장에 '읍오리(邑五里) 초군들이 우리 동리 산의 나무를 베어 가니 금단시켜 주십시오'라고 하였다(《촉영민장초개책(矗營民狀草槪冊)》, 1862년 8월 22일).

② 도동리(道洞里) 초전촌(草田村) 동장의 편지에 '읍 초군 3백여 명이 우리 동리에서 보호하여 기르는 나무를 전부 베어 갔습니다'라고 하였다(위의 책, 8월 24일).

③ 나동리(奈洞里) 노비 춘이(春伊)의 소장에 '저희 상전댁이 대대로 제사 지내며 수호해 오던 산의

《촉영민장초개책》(서울대 규장각 소장) : 진주농민항쟁 직후 '촉영'(촉석성 안에 있는 우병영의 별칭)에서 받은 백성들의 소장의 내용과 그 처리결과를 간략하게 기록해 놓은 것으로서, 당시의 사회상황을 엿볼 수 있다.

땔나무와 초목은 매년 결복(結卜)에 따라 담당하는 자가 있는데, 읍 초군 수백 명이 산직(山直)을 결박하고는 일시에 베어 갔습니다'라고 하였다(위의 책, 8월 29일).

위에서 보듯이 초군들은 수십, 수백 명씩 무리를 지어 다니면서 마을의 공유지나 개인 사유지의 나무까지도 베어갔다. 이처럼 초군들은 조직적으로 활동하기 때문에 그들을 막기 어려워 관에 호소하는 사태가 빈번하였다.

이처럼 집단을 이룸에 따라 이들 사이에는 일정한 조직이 형성되었다. 진주 읍내에 초군청(樵軍廳)이라는 기구가 있었고, 그 속에 삼소임(三所任)이라는 직책이 있었다. 이것이 초군들의 자치기구인지 아니면 관에서 통제하기 위하여 만든 것인지는 확실하지 않다. 그러나 어떠한 관청사료에도 초군청이란 명칭이 보이지 않고, 또한 위에서 보듯이 이들이 관에 의하여 통제를 받았던 것 같지는 않다. 따라서 초군들의 자치조직으로 보는 것이 타당할 듯하다. 다만 초군청이 읍 전체의 초군들을 통괄하였는지는 알 수 없다.

한편 '읍오리 초군', '가서(加西) 초군' 등으로 불리는 것으로 보아 각 면리별로 조직이 있었던 것 같다. 그리고 그 우두머리는 '좌상(座上)'으로 불렸다. 이들은 편지, 회문(回文 ; 여러 사람이 차례로 돌려보도록 쓴 글), 통문, 방문(榜文 ; 게시문) 등을 작성하여 위로부터의 지시, 연락에 이용하였으며 때로는 집회를 가지는 등 일정한 틀을 가지고 활동하였다.

이같은 집단성과 조직력 때문에 초군들은 향촌 안의 세력 다툼에 이용되기도 하였다. 충청도 옥천군 양남면에서는 입석리에 사는 전(全)씨 일족이 자기의 노비와 부근의 초군 백여 명을 동원하여, 철동리에 사는 토착양반 한석린(韓錫麟)이란 자의 선산과 안산의 나무를 마구 베어간 사건이 발생하였다. 이는 단순히 목재에 대한 강탈에 끝나지 않고 산의 소유권까지 빼앗으려는 의도가 있었던 것 같다.

그러면 이들이 항쟁에 참여하게 된 계기는 무엇일까. 먼저 이들은 본래 농민이고 특히 빈농층이어서 고을 폐단으로 피해를 가장 크게 입는 자들이었다. 이러한 초군들의 처지 때문에 초군 좌상인 이계열이 초기부터 모의에 깊이 관여하였으리라고 생각된다. 이계열은 초군과 유계춘 사이에서 초군을 농민항쟁의 주체로 참여시키는 데 앞장섰다. 이계열의 요청에 따라 유계춘 등은 이들이 쉽게 볼 수 있도록 한글 가사체로 회문을 지어 돌리기도 하였다.

이처럼 초군은 농민대중의 중요한 세력이었고 이들이 항쟁대열에 집단적으로 참여함에 따라 항쟁은 큰 힘을 얻게 되었다. 이들은 상품경제의 발달과 농민층 분화의 심화 속에서 분출된 빈농층으로서, 봉건적 지주제와 관의 수탈체계 속에서 가장 피해를 입고 있던 계층이었다. 따라서 참여세력 가운데 핵심적이고 가장 과격한 투쟁을 전개해 갈 수 있었던 것이다.

10. 내평촌에서의 항쟁 모의와 '단성민란'

항쟁의 초기 논의는 주도 인물들이 거주하던 축곡리에서 몇 차례 회합을 통하여 진전되었다. 이것이 박규수가 언급했던 '이회(里會)'였다. 여기에서 읍의 폐단이 거론되고 이에 대한 대책이 논의되었으며, 항쟁이 결정된 이후에는 대중을 모으기 위한 통문 작성 등 구체적인 작업이 진행되었다. 사료에서 확인되는 모임의 장소는 박수익(朴守益), 사노 검동(私奴 儉同), 박숙연(朴肅然)의 집 등인데, 이때 박수익과 박숙연은 동일인으로 보인다. 숙연은 박수익의 자(字 : 정식 이름 대신에 사용하는 명칭)인 '숙연(淑然)'과 같은 음이기 때문이다.

정확한 날짜는 모르지만, 1월중에 내평촌 박수익의 집에서 첫 모임이 이루어졌다. 그 이후에도 이곳에서 모임이 여러 차례 이루어졌던 것 같다. 그때 모인 사람이 누구였는지는 자세히 알 수 없으나 여기서 읍에 관한 일이 논의되었고, 나중에 한글 방문(榜文)을 작성할 때에도 이용되었다.

박수익은 사족으로서 1850년에 진주의 환곡 부담이 많다고 격쟁(擊錚)의 방법으로 왕에게 직소하는 운동을 주도한 인물이었다. 항쟁을 논의할 때도 역시, 그는 적극적으로 활동하였다. 항쟁과정에서 뚜렷한 활동이 없었는데도 그가 나중에 효수 다음으로 엄중한 형벌을 받은 것은, 여러 차례 모의 장소를 제공하였을 뿐 아니라 적극성을 띠었기 때문이다.

1월 29일에는 이웃 산기(山岐)촌에 있는 사노 검동의 집에서 모임을 가졌다. 여기에는 유계춘, 이명윤을 비롯해 여러 명의 동리 사람이 참석하였다. 천한 신분인 사노가 함께 참여했다는 것은 이 시기 신분제가 상당히 해체되어 가고 있음을 뜻한다. 명문 사족인 이명윤도 여기에 자리를 같이한 점으로 보아 더욱 그렇다.

여기에서 다시 통환과 도결을 타파하려는 논의가 있었다. 유계춘의 공초에 의하면 이때 이명윤이 도회소(都會所 ; 대집회 장소)를 수곡 장시로 정하자고 하면서, 유계춘에게 통문을 만들어 발송할 것을 권했다고 한다. 그리고 유계춘이 관의 처벌을 염려하자 이명윤은 자신이 처리해 주겠다고 자신 있게 말하였다고 한다. 이 점을 볼 때 통문의 발송자는 유계춘이지만 이명윤 등 사족들도 깊이 관여했음을 알 수 있다.

이날 모임 직후에 이명윤은 인근에 있는 가이곡(加耳谷 ; 현재의 귀곡동)으로 갔다. 이곳은 진주의 유력 사족가문인 해주정(海州鄭)씨가 동족촌락을 이루고 있었다. 이명윤은 그곳에 사는 사족인 정자약〔鄭子若 ; 본명은 정수교(鄭守敎)〕, 정내명〔鄭乃明 ; 본명은 정광덕(鄭光惪)〕 등과 만나서 읍회에 대하여 논의하였다. 이들도 읍회에 대해서 찬동하면서 이명윤이 선두에 설 것을 요구하였다. 이로 인해 이명윤이 읍회를 개최한 주모자라는 소문이 나돌게 되었다. 뒤에 그가 본격적인 항쟁 모의에서 이탈한 후에 병영 이서들이 그를 찾아가서 수곡도회를 금지시켜 줄 것을 요청한 것도 이 때문이다.

이처럼 이때까지의 모임은 수곡도회를 열 것을 결정하고, 이를 알리는 통문을 여러 면·리에 발송할 것을 논의하는 모임의 성격을 띠고 있었다. 그리고 통문의 내용은 통환과 도결을 혁파하자는 것이었다. 따라서 이 '이회(里會)'는 등소를 목표삼아 읍회를 준비하는 과정이었다.

그런데 통문을 발송한 이후 지도부의 계획이 바뀌었다. 보다 강력한 대응이 모색되었던 것이다. 여기에는 이 무렵 인근 단성현에서 사족들이 중심이 되어 관에 대한 투쟁이 벌어지고 있다는 소식이 진주에도 전해져, 상당한 자극을 주었던 것 같다.

당시 단성에서는 환곡의 폐단이 진주보다 훨씬 더 심한 상황에 이르고 있었다. 단성은 소읍(小邑) 가운데 소읍이면서도, 단성항쟁 직전 각종 환곡의 총량은 10만 석이나 되었다. 이처럼 환곡이 늘어난 데는 다른 이유도 있었겠지만, 무엇보다도 아전들의 조직적인 포흠 때문이었다. 이들의 포흠은 오래 전부터 발생했고, 이들이 포흠한 만큼 농민들에게 부담이 가중될 수밖에 없었다.

1838년에 이르러 환곡 폐단의 근원이 되는 포흠분을 없애기 위해 절미책(折米策 ; 여러 곡식 2석 반을 쌀 1석으로 통일해서 계산하는 것)을 시행하였는데, 이렇게 하여 환곡은 쌀 6만 석이 되었다. 이것의 모조 6천 석을 돈으로 환산하여 토지에서 거두면 1결당 거의 4, 50량이나 되었다. 이러한 부담은 지배력이 점차 약화되던 사족층에게도 그대로 적용되었다.

단성민은 감영과 국가에 환곡의 문제를 호소하지 않을 수 없었다. 이런 일들은 이미 1850년대부터 사족들이 중심이 되어 지속적으로 벌여 왔다. 그런데 1860년대에 들어서 상산(商山 ; 尙州의 별칭)김씨 인물인 김령(金欞)과 그의 아들 김인섭이 이 문제에 관심을 가지고 적극적으로 나서기 시작했다.

상산김씨는 고려 말기에 단성현 법물리(法勿里 ; 현재 산청군 신등면 북부 지

역에 해당)에 정착하여 대대로 살아 왔고, 단성 안에서 유력한 가문의 하나
였다. 이 가문에서는 한동안 중앙 관료로 진출하는 사람이 없었다. 그러다가
이 시기에 와서 김인섭이 문과에 급제하여 여러 관직을 두루 거쳤다. 그러
나 그는 32세라는 젊은 나이에 사간원 정언(正言)을 마지막으로, 관직을 버
리고 고향에 돌아왔다.

그는 전직 중앙관리였지만 향촌에서의 생활이 평탄하지만은 않았다. 이미
권력에서 소외된 경상 우도지역의 사족은 위세를 떨치기 힘들었다. 이들은
수령에 의해 끊임없이 통제당하였고 심지어 아전들에게까지도 멸시를 당할
정도였다. 김령을 비롯한 이 지역의 유력 사족들은 향청을 중심으로 정소운
동을 하는 등, 관에 대한 투쟁을 벌이고 있었다. 김인섭도 여러 차례 감사에
게 단자(편지)를 올려 수령·이서·군교·향임들이 향민들을 수탈하는 실상
을 상세히 밝혔다.

이러한 부담을 완화하기 위해 감영에서는 이무미(移貿米 ; 다른 고을에서 이
전한 쌀) 3천 석을 분급하여 그것으로 임시 변통책을 마련하게 하였다. 그러
나 당시 현감 임병묵은 이것조차 자신을 배불릴 수단으로 이용하고자 했다.
그러던 가운데 12월 23일 현감 임병묵이 이무미 3천 석을 횡령한 것이 발각
되었다. 이것이 관에 대한 투쟁이 촉발된 계기가 되었다.

1862년 새해 벽두인 1월 4일, 사족 대표들이 청심정(淸心亭)에 모여서 회의
를 하였다. 1월 9일에는 대소민인 5백여 명이 모여 탐학한 이서들을 성토하
기 위하여 감영에 소장을 올리기로 결정하였다. 단성현의 관속들이 등소를

저지하려고 노력하는 가운데, 김령이 대표로 추대되어 사족 6, 7명과 함께 대구로 갔다. 감영에서는 관문을 보내어, 이무전(移貿錢)을 단성민에게 다시 나누어 주고 이서의 포흠을 해결하기 위해 거두어들인 곡식도 돌려주라고 명령하였다. 그러나 현감은 이를 끝내 시행하지 않았다.

 여기서 향촌의 여론은 들끓기 시작했다. 1월 12일 각 리에 통문을 돌려 향회 개최를 알렸다. 1월 25일에는 읍내 관아 동쪽에 있는 객사에서 향원들이 모여 회의를 열었다. 여기에서는 감영에 등소한 결과를 소개하고 앞으로 있을 관에 대한 투쟁의 구체적인 방안을 논의했을 것으로 추측된다.

단성현 동헌과 객사가 있던
단성초등학교 : 현재 교무실이 있는
자리(①)에 객사가 있었다. 당시 본격적인
대관투쟁을 위해 사족들이 여기에 모였고, 그
직후 인근에 있는 동헌(②)으로 쳐들어갔다.

한편 단성민들의 움직임을 바로 가까이서 지켜보게 된 현감 임병묵은 그 제야 사태의 심각성을 깨닫고 동요하기 시작하였다. 그는 다음날인 1월 26일 새벽을 틈타 감영으로 도망하였다. 그러나 그 소식을 들은 사족들은 급히 추격하여 도전(道田)이라는 곳에서 그를 붙잡았다. 그는 꼼짝없이 관아로 돌아올 수밖에 없었다. 2월 1일에도 그는 재차 도주를 꾀하였으나, 비진(飛津)이라는 나루터에서 잡혀 억류되었다. 김인섭은 그곳에 가서 현감을 만나 돌아올 것을 권유하였다. 2월 3일 현감은 어쩔 수 없이 관아로 돌아왔다.

사족들은 이때까지도 계속 읍에서 대책을 마련하고 있었다. 이들은 현감

단계 김인섭의 생가(산청군 신등면 단계리)

이 돌아온 다음날인 2월 4일, 관에 대한 투쟁에 직접 나섰다. 집단시위를 벌여 이서와 현감을 규탄하였다. 김령을 주동으로 각 면마다 통문을 돌려 집집마다 바로 모이라고 알렸다. 군중을 최대한 확보하기 위하여 참여하지 않는 사람에 대해서는 일일이 이름을 확인하여 벌금 5냥씩을 부과하기까지 하였다.

그들은 관가로 향하였다. 포흠곡을 쌓아둔 창고를 불사르고 장부를 불태웠다. 그러나 이서들도 보고만 있지 않았다. 그들은 미리 몽둥이와 돌을 준비하였다가 가차없이 사족들을 공격하였다. 사족들은 불시에 습격을 당하여 크게 피해를 입었다. 20여 명의 대소민인들이 크게 다쳤다. 김령도 이 과정에서 얻어맞고 쓰러졌다. 김인섭도 부친이 다쳤다는 소식을 듣고 급히 달려갔다가 역시 포위당하여 돌과 몽둥이로 얻어맞았다. 당시 읍내에는 40여 명에 달하는 사족들이 모두 모여 있었는데, 이들이 이서들의 공격대상이었다.

분노한 단성민들은 현감에게 욕을 퍼붓고 이방과 창색리(창고를 총괄하는 아전)의 집을 불태우고, 이후 저녁 10시경 다시 객사로 들어가서 밤새 곡(哭 ; 크게 우는 것)을 하였다. 항상 국가가 명분상으로는 덕정(德政 ; 덕으로 백성을 다스리는 것)을 내세우지만, 실제는 읍민들이 온갖 수탈을 당하고 있는 현실에 대한 원통한 심정을 사족으로서 차마 달리 표현하지 못하고 곡으로써 대신한 것이었다.

현감 임병묵은 사태의 위급함을 깨닫고 밤을 틈타 다시 감영으로 도주하다가 읍민들에게 붙잡혀 구타당했다. 간신히 감영에 도착한 임병묵은 감사에게 온갖 변명을 늘어 놓았으나 감사는 믿어주지 않았다. 2월 15일 감사는 그를 파직시켰다. 그리고 중앙에 이 사실을 보고하였다.

사건이 일어난 후 현감이 도주하고 이서배들이 모두 흩어져 버렸으므로 자연히 사족들이 고을의 권력을 장악하였다. 이런 상황에서 그들은 바로 해산할 수 없었다. 읍 바깥의 저잣거리에 머물면서 매일 향회를 열고 이후의 방안을 논의하였다. 2월 29일에는 청심정에서 회의를 열어 좌수와 이방을 선출하고, 그 밖에 관노에 이르기까지 지방행정 관련자들을 모두 새로 차출하였다. 새로 수취장부를 작성하였고, 활동에 소요되는 비용은 요인들에게 차출하거나 필요할 때마다 결당 1냥 정도를 토지에 부담시켰다.

한편 이들은 중앙이나 감영에 자신들의 입장이 정당함을 알리려는 노력도 게을리하지 않았다. 중앙에 대해서는 직접 복합상소(伏閤上疏 ; 대궐 문앞에 나아가 엎드려 상소하는 것)를 하기로 결정하였다. 2월 18일 읍의 사정을 잘 아는 유생들을 복합 유생으로 정하였다. 그들은 여러 준비절차를 거친 후인 4월 중순경에 서울로 올라가 비변사에 호소하였다. 감영에도 계속 폐단해결을 요구하였다. 새로 부임한 감사 이돈영(李敦榮)에게서 호의적인 답변도 얻어내었다. 그러나 그는 아무런 권한이 없었다. 안핵사·선무사·암행어사 등 중앙에서 특별히 파견한 관리가 계속 오면서 상황은 단성민에게 불리한 방향으로 전개되었다. 결국 고을 폐단의 해결에 대한 성과는 없이 사건 관련자들의 처벌로 이 사건은 수습되어 버렸다.

11. 항쟁 모의의 변화와 일부 세력의 이탈

이처럼 1월부터 확산되던 단성사건은 인근 진주에 곧 알려졌다. 이것이 유계춘을 비롯한 진주의 사족들에게도 전해져 저항운동 모의에 영향을 미쳤다.

진주와 단성은 바로 인접해 있어서 양 고을 사족들 사이에는 빈번한 교유와 접촉이 있었다. 6월 중순경 단성항쟁의 주모자인 김령이 진주의 옥에 갇혔을 때, 진주농민항쟁에 연루되었던 인물들도 이미 거기에 갇혀 있었다. 갇혀 있을 당시의 상황이 김령의 《간정일록》에 기재되어 있는데, 여기에는 진주농민항쟁에 연루된 인물도 여러 명 나타나고 있다. 이들은 김령이나 김인섭과 교유관계를 유지하던 사족층이었다. 내평촌의 이계열(이명권), 박수익 등이 그들이다.

이 밖에도 김인섭 부자와 친밀하게 지낸 인사로서 농민항쟁에 연루되었던 인물로는 하우범(河禹範), 강우묵(姜宇默)을 들 수 있다. 하우범은 진주 청계서원(淸溪書院)에 배향된 모송재 하인상(慕松齋 河仁尙)의 자손으로서 같은 일가 사람인 하학운(河學運)과 수곡도회에 참여해서 철시 주장에 동조했다. 그래서 그는 형벌을 받게 되었는데, 항쟁 이후 김인섭이 하우범의 아들 하경칠(河慶七)을 찾아가 위로한 것으로 보아, 양 가문 사이에 친밀한 교유관계가 있었던 것으로 보인다.

청암리에 거주하던 강우묵도 김령과 친밀하였다. 그는 김령이 유배지에서 돌아온 직후 김령을 찾아와 손을 잡고 회포를 풀었다고 한다. 그도 농민항쟁 직전에 가서리의 정원팔(鄭元八)과 함께 등소운동을 하려 했고, 수곡도회에도 참여했었다.

　단성과 진주의 사족들 사이에는 초기 정소운동 과정에서부터 많은 공감대가 형성되어 있었던 것 같다. 농민항쟁이 일어나기 전해인 1861년 2월경에 김인섭이 내평촌의 이건효(李建孝)의 집에 들렀는데, 이건효는 이명윤의 아들이었다. 환곡폐단의 심각성이 드러나고 있던 당시의 사회적 분위기로 보아, 이에 대한 상당한 논의가 있었을 것으로 짐작된다. 단성에서 민란이 일어난 지 얼마 안 되어 진주에서 농민항쟁이 일어났던 것도 이와 연관이 있을 것으로 보인다. 진주농민항쟁에 단성의 주민들이 일부 참여하였다고 하는 것도 그것을 추측하게 해준다.

《간정일록》과 《단계일기》: 단성항쟁과
진주항쟁에 관련된 일부 주요 내용이
수록되어 있다.

게다가 진주에서도 주민들의 반발에도 불구하고 진주목과 병영에서 도결과 통환을 강행하였다. 유계춘이 통문을 발송한 직후인 2월 1일, 축곡리에서 서쪽에 위치한 가서리의 정원팔과 청암리의 강우묵 등이 유계춘에게 편지를 보내어, 그곳 5, 6개 동리에서도 통환을 혁파하기 위하여 읍내로 쳐들어 가겠으니 유계춘의 동리에서도 참여하라고 권하였다. 이곳에서도 별도로 통환에 대한 논의가 진행되었고, 그 결과 읍내에 들어가서 등소하기로 결정하였던 것 같다. 그러던 차에 축곡에서 통문이 발송되자 같이 읍에 들어가자고 요구하였던 것이다.

그러나 유계춘은 2월 6일에 있을 예정인 수곡도회를 중시하였기 때문에 정원팔·강우묵 등의 제안을 거절하였고, 이와 관계없이 정원팔·강우묵 쪽에서는 예정대로 읍으로 들어간 것 같다. 이 사건도 이후 항쟁에 상당한 영향을 주었다고 보인다. 왜냐하면 이들이 요구한 통환 혁파는 실제로 받아들여지지 않았으며, 당시 일반적인 관례를 본다면 이들은 오히려 관의 처벌을 받았을 가능성이 크기 때문이다.

어쨌든 단성의 관에 대한 투쟁과 진주의 등소운동에 대한 관의 대응을 지켜본 지도부는 새로 적극적인 항쟁 방향을 모색한 듯하다. 이 점은 단성항쟁이 시작된 직후 진주에서 진행된 주도자들의 움직임에서 잘 드러난다. 이 글의 첫머리에서 이야기했듯이 2월 2일 박숙연(수익) 집의 모임에서 이러한 변화가 보인다.

유계춘은 이날 새벽, 이명윤과는 아무런 상의없이 읍의 장날을 이용하여 사람을 읍내에 보내어 새로 작성된 통문을 장시 안에 붙였다. 통문의 내용은 이전에 발송한 통문과는 매우 달랐다. 통문은 철시하자는 주장을 담고 있었다. 그리고 장시에 드나드는 일반농민·소상인들을 대상으로 하였으므로 한글로 쉽게 작성되었다. 이는 이명윤과 같은 사족의 생각과는 전혀 다른 방법이었다. 이 때문에 이날 박숙연의 집에 갔던 이명윤과 이미 논의를 진행하고 있던 유계춘 등의 인물들 사이에 충돌이 있었던 것이다.

위에서 보듯이 이때 이미 유계춘 등의 입장은 상당히 바뀌었음을 알 수 있다. 며칠 전에 통문을 발송했는데도 새로이 통문을 만들어서 배포한 것은 그것을 잘 말해준다. 위의 글을 통하여 지도부내의 변화를 몇 가지로 정리할 수 있다.

첫째, 이전까지 논의를 같이해 온 이명윤과 어떤 상의도 없이 새로운 통문을 배포할 계획을 세웠다는 점이다. 처음부터 이명윤과 입장이 달랐는지는 확실히 알 수 없으나, 적어도 항쟁 방식을 강화하려는 시점에서 계층적인 이해관계가 갈라지면서 함께 논의하기가 어려웠던 것이다. 이날 이명윤이 모임에서 뛰쳐나온 사실은 개인적인 탈락에 그치는 것이 아니라, 유력 사족층으로서는 이같은 항쟁형태에 찬동할 수 없었음을 보여준다. 반면 유계춘의 입장에서는 활동방향을 급진적인 형태로 전환하면서, 온건하고 합법적인 방법으로 문제를 해결해 보려는 유력 사족층을 실질적인 주도세력에서 제외시키려고 한 것으로 보인다.

둘째, 항쟁의 방향이 등소에서 벗어나 철시 등 집단행동으로 나아갔다. 한글로 통문을 작성한 것도 일반 농민들을 행동의 주도세력으로 설정했기 때문이었다.

셋째, 항쟁을 읍 전체의 차원으로 끌어올리려고 하였다. 한 읍이 같은 부세를 부담하는 조건이라고 하더라도 한꺼번에 묶어서 행동하기는 어려웠다. 지난해 유계춘이 비변사에 등소하려고 할 때도 축곡을 비롯한 남부지역이 중심이 되었다. 농민항쟁 직전에 정원팔, 강우묵 등이 주도한 정소운동에서도 가서·청암 등 5, 6개 동리가 중심이 되어 '읍내 진입'을 주도한 데 지나지 않았다. 그러나 본격적인 항쟁을 모의하는 단계에서 유계춘은 읍내 장시에까지 사람을 보내어 방문을 붙이면서 읍 전체 대중의 참여를 유도하였다. 이후 항쟁이 서부 지역에서 시작되었으나, 곧 동·남·북면 지역에서도 가담할 수 있었던 것은 이같은 노력의 결과가 아니었던가 생각된다.

항쟁의 방향이 전환된 이후의 '이회'에서는 이미 준비되었던 읍회를 대중집회로 확산하기 위한 준비작업을 본격적으로 진행하였다. 가장 중요한 것은 대중을 일깨우고 앞으로의 읍회에 참여하도록 유도하는 것이었다. 이를 위하여 통문을 여러 벌 베껴 돌렸다. 초군 좌상 이계열의 요청에 따라 초군에게 돌릴 회문도 작성하였다. 주로 유계춘이 그것을 직접 작성하였고, 정순계〔鄭順季 ; 정홍팔(鄭弘八)〕·정지우(鄭之愚)·정지구(鄭之九) 등이 글을 다듬었다.

이때 '이회'에 참여한 인물들이 곧 초기 주도층이라고 할 수 있다. 여러 사료를 총괄해 보면 유계춘, 이계열을 비롯하여 강승백(姜承白)·강쾌(姜

快)·강수복(姜守福)·정치회(鄭致會)·정순계·정지우·정지구·박수익 등이 이에 속한다. 이들의 신분 또는 사회·경제적 처지에 대해서는 알 수 없지만, 이들이 준비작업에 참여하게 된 까닭은 어느 정도 알 수 있다.

이들은 대부분 축곡리의 주민이었고, 강승백 등 일부는 마동리 등 인근 동리에서 살고 있었다. 이웃을 통하여 자연스럽게 논의 구조가 이루어졌던 것 같다. 이와 함께 이들 가운데 상당수가 유계춘과 인척관계일 가능성을 엿볼 수 있다. 명단에서 나타나듯이 이들은 거의 모두 강씨와 정씨로 이루어졌다. 당시 내평촌에는 진양정씨 은렬공파(殷烈公派) 후손과 진양정씨의 다른 갈래인 충장공파(忠莊公派) 후손들이 살고 있었다. 그 가운데 은렬공파 후손인 홍진(弘震 ; 초명은 弘龍)의 딸이 유계춘의 어머니였다. 다시 말해 이 지역에는 유계춘의 외가 씨족이 많이 살고 있었던 점이 주목된다.

유계춘은 아버지의 고향인 원당리를 떠나 어머니를 따라 축곡리 내평촌에 이주하였다. 이는 이곳에 외척들이 많이 살고 있었기 때문에 여기서 새로운 생활기반을 마련하려고 한 것으로 풀이된다. '이회' 참석자 가운데 정씨가 가장 많을 뿐 아니라 정순계·정지우·정지구 등은 아주 적극적으로 참여하였는데, 이같은 관계 때문이 아닐까 한다. 강씨의 경우 그 가운데 강쾌가 유계춘과는 이성사촌이었으므로 다른 인물들에게서도 그 가능성을 찾을 수 있다. 내평촌의 한쪽 마을인 오산에는 진주강씨들이 많이 모여살고 있었다.

유계춘으로서는 자신을 중심으로 한 이웃 또는 인척 등 가능한 모든 계기와 조건을 이용하여 초기의 은밀한 모의와 준비작업을 끌어나갔던 것으로 보인다. 아직 뚜렷한 세력이 없는 때에는 이같은 방법이 당연하였을 것이다. 이 점은 또한 지도부에서 유계춘이란 인물의 비중을 말해 주기도 한다.

12. 수곡장터 집회와 운동방향의 극적 전환

농민항쟁을 제대로 수행하기 위해서는 좀더 많은 대중의 힘을 동원할 수 있어야 했다. 이를 위해서는 농민 대중이 공개적으로 참여할 수 있는 대중집회가 필요하였다. 대중집회를 통하여 고을의 일을 함께 논의하고 의견을 수렴하며 여론을 확산시키고, 나아가 항쟁력을 강화시킬 수 있기 때문이다. 이것을 대중 조직화 단계라고 일컬을 수 있다. 유계춘이 계획한 도회(都會 ; 대집회)는 옛날의 향회와는 달리 농민 대중이 참여할 수 있는 집회였다. 즉 이 집회는 일종의 '민회(民會)'의 성격을 띠고 있었다고 볼 수 있다.

2월 6일 첫 도회가 열린 곳은 진주 서면 수곡리 덕천강변의 수곡장터였다. 진주지역에서는 서면과 남면이 동면·북면보다도 농경조건이 나았다. 조선 후기에 번창하고 있던 장시의 수가 동면은 2개, 서면은 5개, 남면은 6개, 북면은 2개로, 상업활동에 있어서도 서면과 남면이 더 성하였다. 사족들도 이 지역, 특히 서면 쪽에 몰려 있는 경향이 있었다.

그런데 수곡장터가 있는 수곡리 창촌 부근에는 수곡창이 세워져 있었다. 이 창고는 원래 수곡리 북쪽의 백곡리에 있었는데, 17세기 초 광해군 때 이곳으로 옮겨온 것이다. 이 수곡창은 수곡리뿐만 아니라 주위 서면의 동곡·정수·운곡·종화·북평(이상 지금의 하동군 옥종면 일대), 단속·파지·소남·사월·백곡(이상 지금의 산청군 단성면 서부 일대), 시천(지금의 산청군 시천면), 삼장(지금의 산청군 삼장면), 이하·가서·원당(이상 지금의 수곡면), 대야천리 (지금의 하동군 북천면) 등 17개 리의 세곡을 옮겨와서 보관하는 창고였다. 따라서 이곳은 세곡과 함께 다른 물산들도 많이 몰리면서 어느 장시보다도 장

이 번성할 수 있었다.

　당시 진주지역 안에는 13곳에서 5일장과 10일장이 서고 있었다. 그 가운데 진주목 관아 근처에서 열리는 읍내장이 2, 7일에, 엄정장(지금의 금곡면 엄정동 근처)이 5, 10일에 서고, 수곡장이 1, 6일에 서고 있었다. 그 밖의 장시는 3, 8일이나 4, 9일에 서는데, 서로 날짜가 겹치고 있었다. 진주에서는 1, 6일에는 수곡장 외에 다른 장시가 서지 않는 만큼, 수곡 장시에는 많은 물량이 몰려들어 유통규모가 크고 또한 사람도 많이 몰릴 가능성이 있었다. 그렇기 때문에 이곳이 첫 집회 장소로 선정되었던 것 같다.

첫 도회가 열린 수곡장터(○표한 부분) : 1926(병자)년 대홍수로 장터가 유실되어 버리고 지금은 강으로 변해 있다.

〈표 3〉 당시 진주 안의 시장과 장날

```
수곡 ── 읍장 ──┬─ 문암(3,8) ─┬─ 덕산(4,9) ─┬─ 엄정
(1,6)    (2,7)  │   반성(3,8)   │   대야천(4,9)  (5,10)
                │   안간(3,8)   │   북창(4,9)
                │   소촌(3,8)   │   말문(4)
                └─ 만가(3,8) ──┴─ 영현(4) ──┘
```

수곡도회는 읍 전체의 회의였기 때문에 고을 안의 각지에서 사람들이 참
여하였다. 거주지가 확인되는 인물만 하더라도 축곡리의 유계춘·이계열, 부

수곡창이 있던 곳(o표한 부분) :
사진 오른쪽으로 아스팔트 길을 따라
1000여미터 가면 수곡장이 있었다.

화곡리(지금의 사천시 축동면)의 김윤화(金允化), 북평리(지금의 하동군 옥종면 북평리)의 김계용(金桂用), 가이곡리(지금의 진주시 귀곡동)의 정자약(정수교) 등이 있었다. 그 밖에도 조학면(趙學勉)·김세업(金世業)·성계주(成啓周)·강화영(姜華永)·장진기(張震基)·장진권(張震權)·하달명(河達明)·조학오(趙學五)·강우묵(姜宇默)·하임원(河任源)·조성진(曺聲振) 등 대표자 300여 명이 모여 앉았고, 그 주위로 수많은 군중들이 에워싸고 지켜보았다.

그러나 수곡도회 초기에는 유계춘의 의도대로 진행되지 않았다. 본래 도회 개최과정에서 1월 29일 '읍에 정소를 하고 안 되면 감영에 정소하자'는 통문과 이후 2월 2일 '철시(撤市)'를 주장하는 통문 등 두 종류가 발송되었다. 도회에 참석한 사람들의 논의도 이와 마찬가지로 두 계열로 나뉘었다. 참가자들 모두가 진주 고을의 당면문제에 대해서는 의견이 일치하였다. 즉 진주목의 환곡 폐단이 농민의 생존권을 위협하고 있으며, 특히 올해와 같이 도결과 통환이 병행된다면 농민들이 더이상 지탱하기가 어렵다고 입을 모았다.

그런데 이 문제를 해결하는 방안에 대해서는 의견이 일치하지 않았다. 일부는 처음 발송된 통문의 견해와 같이 먼저 감영에 의송을 내고, 그 밖에도 감사가 망궐례(望闕禮 ; 음력 초하루와 보름에 각 지방관이 궐패에 절하는 의식)를 행할 때에 길을 막고 직접 감사에게 호소하자는 주장을 하였다. 관에서 읍민들의 반대를 무릅쓰고 도결과 통환을 결정하였으므로 그 상위기관인 감영에 직접 호소해야 한다는 것이었다. 이는 온건한 방법이었고 주로 유력 사족 또는 부민에 의하여 제기되었던 것 같다. 수곡도회에는 가이곡의 사족인 정자약의 참여에서 보이듯이 사족들도 일부 참여하였다. 이들은 유계춘 등의 적극적인 행동에 반대하면서 그들의 입장을 강하게 내세웠다.

유계춘 등은 더욱 강화되는 환곡 포흠의 문제를 근원적으로 해결하기 위해서는 한층 강경한 대응이 필요하다고 보았다. 따라서 그는 온건론자의 주장과는 달리 읍내에서 집단시위를 할 것을 주장하였다. 그 자신은 뒤에 체포당해 심문을 받으면서 수곡도회에서 '본읍에 정소하지 않는 것은 크게 도리에 어긋나니, 먼저 목소리를 모아 본관에게 간청하고 처분을 기다리는 것이 옳다'라고 말했다고 진술하였다. 그러나 그의 이런 진술은 사실을 이야기한 것이 아니었다고 본다. 그의 의도는 감영에 정소하기 이전의 단계로서 진주 관아에 정소하는 것이 아니었기 때문이다. 이미 수곡도회 개최 이전부터 '철시' 등 적극적인 항쟁을 계획하였듯이, 그의 주장은 정소를 주도하는 대표 몇 명이 관에 나가 등소를 올리는 것이 아니었다.

초기의 수곡도회를 주도한 자들은 대체로 앞의 견해를 지지하였다. 그동안 유계춘 등의 지도부에서는 통문을 통하여 대중들의 호응을 불러 일으키려고 노력하였으나, 아직 도회에서는 주도권을 잡지 못하였던 것이다. 같은 날 도회에 참석했던 김윤화의 공초(심문조서)에서 잘 드러나듯이, 유계춘은 참석자들에게 자신의 의견을 집요하고도 강력하게 주장하였다.

"지금 여기 모인 여러분들이 한마음으로 힘을 모은 뒤에야 고을의 폐단을 고칠 수 있소. 내가 당장 개를 잡아서 맹세하고자 하니 여러분들도 각기 입

술에 피를 바르고 맹세하겠소?'

그러나 이들은 여전히 호응하지 않았다. 유계춘은 청원에 매달리는 이들의 소극적인 태도를 비판하면서 일어섰다.

"공연히 통문 한 장만 낭비했구료. 이 따위로 해서 어떻게 일이 성사될 수 있겠소."

그는 먼저 퇴장하여 서쪽으로 향해 나아갔다고 한다. 그러나 그가 결코 항쟁을 포기한 것은 아니었다. 서쪽은 나중에 항쟁이 시작되던 덕산 등이 있는 곳이며, 초군들이 나무하러 자주 다니는 곳이 많았다. 그곳 산골짜기에서 초군들과 만났는지도 모른다.

어쨌든 수곡도회 초기에는 정소 등 온건한 방법을 내세운 자들의 의견이 채택되어 장진기·조학오 등을 의송 대표로 뽑아 감영으로 파견하였다. 그러나 유계춘 등 지도부의 급진적인 항쟁 계획이 무위로 돌아간 것은 아니었다. 그것은 도회 과정에서 한 차례 반전으로 나타났다. 중도에 유계춘이 계획한 '철시'의 주장이 다시 제기되면서 논의가 새로이 진행되었다.

이러한 반전 과정은 명확하지 않으나 집회 대중들에게 지도부가 계속한 선전활동의 결과였다고 보인다. 즉 이들이 만든 한글 방문(榜文)이 집회장소에 반입되면서 제기되었다. 일설에는 부화곡에 사는 유학 김윤화가 한글 방문을 소매에 넣어 왔다고 한다. 먼저 수곡의 성계주가 처음으로 철시를 해야 한다고 주장하였다. 그리고 하임원·하달명·김세업 등 많은 사람들이 동조하였다. 그 밖에 안핵사는 보고서에서 일찍이 향임을 지냈던 조학면과 장진권·조성진 등도 동조한 것으로 의심하고 있었다.

결국 수곡도회에서는 동리의 대표자들을 중심으로 감영에 대한 의송이 결정되고 대표가 파견되었으나, 한편으로는 유계춘이 의도한 철시가 제기되고 나아가 고을 폐단의 책임자와 도결 결정에 참가한 자의 집을 부수자는 주장까지 나타났다. 이러한 분위기에서 집회는 다음날까지 이어졌고, 여기서 지도부의 계획이 대중들로부터 지지를 받으면서 '주된 여론'으로서 확산되어 갔다. 따라서 수곡도회에서 어느 정도 예정했던 성과를 얻을 수 있었다.

13. 지리산 자락 덕산장에서 봉기가 시작되다

수곡도회 이후 수청가(水淸街 ; 수청거리) 회의가 열렸다. 수곡도회가 대중과 함께 진주의 현실을 인식하고 투쟁의 방향과 방법을 합의하는 집회였다면, 수청가 회의는 항쟁에 참여할 대중들을 규합하고 조직적으로 동원하기 위한 모임이었다. 이미 항쟁이 결정된 가운데 열렸기 때문에 별다른 논의는 없었던 것 같다. 이 집회에 관한 자료가 거의 보이지 않는 이유도 이 때문인 것으로 보인다.

수청가 회의가 언제 열렸는지 자료상으로는 분명하게 나타나지 않는다. 수청가 회의 이후 곧바로 농민들의 행동이 시작된 것으로 보아, 덕산장시 공격 바로 전에 열렸음이 분명하다. 유계춘의 진술에 의하면 초군취회(樵軍聚會) 회문이 유포되고 나서 곧 초군들이 모여 바로 덕산장시를 공격하였다고 한다. 이를 박규수의 보고서에 나타난 '처음에는 축곡에서 모이고 다음에는 수곡에서 모였다'는 구절과 비교해 보자.

박규수는 축곡모임과 수곡도회만을 언급한 데 비하여 유계춘은 축곡모임은 주도층만의 모임이므로 제외시키고 수곡도회를 1차 집회, 그리고 덕산집회를 2차 집회라고 하였던 것이다. 덕산의 2차 집회는 그가 이후 곧바로 항쟁이 시작되었다고 진술한 내용과 연결해 본다면, 틀림없이 덕산과 가까운 수청가에서 열린 모임을 가리키는 것으로 보인다.

수청가는 덕산에서 덕천강이 동쪽으로 5Km 정도 흘러가다가, 남쪽 수곡면 방면으로 돌아 흐르는 지점에 위치해 있었다. 현재의 산청군 단성면 자양리 부근으로, 당시에는 진주목 금만리(면)에 소속되어 있었다. 이곳은 바로 북

쪽에 있는 백운동 계곡에서 흘러내리는 물이 덕천강과 합류하는 지점이고 너른 농토가 형성되어 있었다. 또 자양리에서 백운동 계곡 쪽으로 건너는 지점이 물이 깊지 않아, 진주 쪽에서 덕산이나 백운동으로 왕래하는 사람들이 주로 이 지점을 통과하게 되어 있었다. 이 때문에 이 일대에는 해방 직후까지만 해도 주막이 여러 집 있었고, 산기슭 주변에 큰 마을이 형성되어 있었다고 한다. 농민항쟁 직전 덕산장 공격을 목표로 하고 있던 주도세력들이 집회를 열기에는 알맞은 곳이었다.

덕산은 지리산 동남쪽 기슭의 깊숙한 부분에 자리잡고 있었고 진주 관아에서 서북쪽으로 70리 가량 떨어져 있었다. 덕천강이 흘러가는 곳 외에는 산으로 둘러싸여 있고 비옥한 토지들이 넓게 형성되어 있어, 숨어사는 인물들이 머물 수 있는 좋은 입지를 지니고 있었다. 따라서 조선 중기 남명이 이곳

수청가의 전경

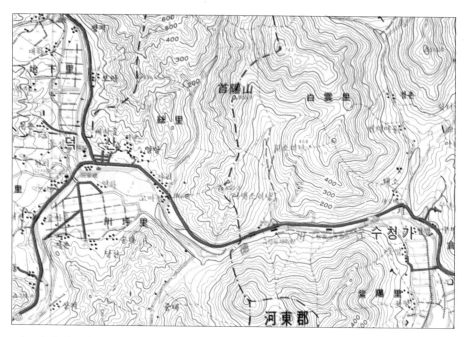

에 정착한 이후 여기에는 많은 사족들이 들어와 자리잡기도 했지만, 일반 민간인들도 어느 지역보다도 많이 밀집되어 있었다. 특히 새로이 성장하는 신흥계층도 이곳의 시천리·삼장리에 많이 거주하고 있었다. 또 조선 후기에 와서 여기에도 4, 9일의 장이 서게 되는데, 이것이 덕산장이었다.

이런 곳이었기 때문에 사람들을 동원하기 쉬웠다. 또 무슨 모의를 하다가 여의치 않으면 지리산 깊은 계곡으로 숨어들어갈 수 있는, 지형상 여러 가지로 유리한 곳이기도 했다. 농민항쟁 이후인 1870년 이필제(李弼濟)가 변란을 모의할 때 이곳이 중요한 거점으로 주목되었다든지, 1894년 동학농민전쟁

덕산과 수청가의 위치

직전 이 지역이 경남지역에서 가장 중요한 동학조직의 소굴로 지목되었던 점이 그것을 잘 말해 준다.

아무튼 수청가 회의에서는 사람을 더욱더 모아 철시를 선동하여 분위기가 고조되는 양상을 띠고 있었다. 그리고 여기에 참가한 사람들은 초군이 주축을 이루고 있었다. 따라서 이들은 대부분 직접 항쟁에 가담하게 되었다. 이처럼 수청가 회의는 초군이 중심이 되어 열린 대중집회이고, 여기서 지도부의 주장이 거의 받아들여져 바로 항쟁으로 나아갔던 것이다.

이때 초군들은 개별적인 형태가 아닌 조직적인 형태로 투쟁대열에 참여하

덕산장

덕산장(ㅇ표한 부분) : 지금도 덕산의 번화한 곳에 자리잡아 장이 열리고 있다.

였다. 초군 자체는 본래 항쟁을 위해 만들어진 조직이 아니기 때문에 이들을 동원하는 데는 어느 정도 조직적인 강제가 필요하였다.

초군 동원에는 해당 면리의 행정을 담당하는 소임이나 영향력 있는 사족이 가담하였다. 축곡리의 양반인 허호(許瑚), 동임(洞任)인 조석철(曺錫哲), 두민(頭民 : 마을에서 경제적 기반이 튼튼한 사람)인 김정식(金正寔)이 대표적인 예이다. 특히 조석철·김정식과 같은 동리의 말단행정의 책임자가 가담한 사실이 주목된다. 그들 자신은 각자 직책 때문에 어쩔 수 없이 가담하였다고 변명하였다. 그런데 말단행정 책임자 가운데 이들 몇 명만이 처벌받았다고 하여, 이들만이 초군 동원에 가담하였던 것은 아니었다. 일반적으로 항쟁지역에서는 각 면리에 통문을 돌리면서 동리당 일정한 인원을 배정하였고, 이를 따르지 않으면 벌전 등을 매겨 억지로 참여하게 했던 것이다.

진주의 여러 곳에서도 이러한 방법을 이용하였다. 그러나 이들은 주도층의 일원이라기보다는 직책상 담당한 것이었다. 따라서 동임들이 모두 처벌되지는 않았다. 위의 조석철, 김정식 두 사람이 처벌당한 것은 초군 동원에 한정되지 않고 좀더 적극적으로 가담한 흔적이 보였기 때문이다. 조석철은 농민항쟁에 '돈 5냥을 지원해 준' 사실을 자복하였고, 김정식도 자기의 머슴에게 참여를 권하면서 '시장을 공격하여 돈을 빼앗아 술과 밥을 사먹으라'고 유도하였던 것이다.

아무튼 동임이 초군 동원에 일정한 역할을 한 것은 사실이나 이들 모두가 항쟁에 적극적으로 참여한 것은 아니었다. 더구나 이들은 관의 명령에 따라

통환·도결 결정에 이용되기도 한 자들이므로 항쟁에 주체적으로 참여하기
는 어려웠다.

그런데도 이들이 항쟁에 참여할 수밖에 없었던 것은 당시 항쟁의 분위기
때문인 듯하다. 즉 관련 자료에 의하면, 수곡도회 때까지도 이들이 참여한
흔적을 찾기 어렵다. 이때까지는 자발적인 참여 속에서 집회가 열렸기 때문
이다. 이후 분위기가 고조되면서 항쟁 지도부의 목소리가 커졌고, 이들에게
통문을 통하여 인원 동원을 책임지웠던 것이다. 따라서 이들의 참여는 항쟁
의 발전 과정에서 필연적으로 나타나는 현상으로 보아야 할 것이다.

그렇다고 이러한 조직적인 동원이 대부분 농민의 비자발적인 참여를 뜻하
는 것은 아니었다. 당시 면리가 하나의 향촌공동체이고 활동단위이기 때문
에, 면리의 소임을 통한 동원이 겉으로 두드러지게 보일 따름이었다. 기본적
으로는 농민들의 자발적인 참여가 우선하였다. 즉 몇 차례의 선전 활동에
따라 농민들의 참여 의지가 확산되었던 것이다. 따라서 이러한 향촌조직을
통하지 않고도 자연스럽게 참여가 이루어지는 분위기였다.

예를 들면 하우범, 하학운은 일가를 참여시키는 데 앞장섰고, 박찬순(朴贊
淳)의 경우에도 일가 8명이 함께 초군에 가담하였다. 초기 모의단계에서도
유계춘의 인척들이 많이 가담했듯이, 이때에도 일가 안에서 집단적으로 참
여하는 모습을 보였던 것이다.

사노 맹돌(孟乭), 귀대(貴大) 등은 천한 노비 신분인데도 동리 사람 30여 명
을 이끌고 바로 항쟁에 나아갔다. 이 또한 말단 지배층의 조직적인 동원과

관계없이 자발적으로 참여하는 실상을 보여준다. 이처럼 동리, 이웃, 혈연 등 이미 존재하는 관계를 이용해 참여의 폭을 넓히면서 세력을 확대했다. 수청가 회의는 이와 같이 농민들을 조직적·집단적으로 동원하는 계기가 되었다. 항쟁 과정에서도 집회는 대중성을 높이는 활동의 일환으로 이용되었다.

드디어 2월 14일 회문을 돌려 초군들이 집결하면서 항쟁의 막이 올랐다. 각 면리별로 조직적인 활동이 시작되었다. 일차 목표는 예정대로 장시였다. 진주의 서북지역이 초기 활동의 중심지였다. 먼저 마동리와 원당리의 농민들은 1차 집회가 열렸던 수곡 장시를 장악하였다. 백곡리와 금만리의 농민들은 서쪽 변경지역인 삼장리·시천리 등지를 옮겨다니면서 세력을 규합하여, 2차 집회가 열렸던 수청가 인근의 덕산장시를 공격하였다.

이전에 읍내 진입을 시도했던 가서리, 청암리 등도 진주의 서부지역이었듯이 서부지역이 항쟁의 열기가 보다 높았음을 알 수 있다. 이들은 관아가 있는 읍내와 반대방향인 서북 변경으로 나아가면서 농민대중을 투쟁의 대열로 묶어세워 역량을 강화하려는 전술을 썼다. 이 과정에서 많은 농민들이 자발적으로 가담하였으나, 항쟁에 반대하는 자에게는 벌전을 매기거나 집을 부수겠다고 위협하기도 하였다.

최초의 공격대상인 덕산장시에 대해서는 이미 예정되었듯이 '철시'와 '가옥파괴'라는 형태의 공격이 전개되었다. 장시는 많은 농민들이 왕래하는 곳이어서 항쟁에 적격지라는 점도 있었지만, 당시 대상인들이 지방권력과 결탁하여 향촌의 상권을 장악하고 이득을 취한 데 대한 공격의 의미도 컸다.

따라서 장시를 주요 공격대상으로 삼은 것이 농촌 소상인을 대상으로 한 것은 아니었다. 가옥파괴는 훈장(訓長) 이윤서(李允瑞)의 집부터 시작되었다. 그가 진주목에서 도결을 결정할 때 참여하였기 때문이다. 도결이 항쟁의 직접적 계기였으므로 당연히 그를 공격하였다.

14. 덕천강을 따라 진주읍으로

일차 목표를 공격한 뒤 농민들은 기세를 올리며 관아가 있는 읍내로 향하였다. 덕천강변을 따라 여러 면리를 거치면서 그곳의 몇몇 부호가를 공격하여 부수는 한편 농민들을 규합하였다. 이처럼 농민들의 세력이 커지자 항쟁에 반대하거나 소극적인 태도를 보이던 사족이나 부민층까지도 그 위세에 눌려 이들을 호의적으로 맞아들였다. 주도층은 농민들을 끌어들이기 위해 항쟁 참여에 소극적인 사람에게는 벌전을 물리겠다고 위협하고, 그래도 반대하는 사람들에 대해서는 집을 부수어 버렸다. 이러한 과정을 거치면서 항쟁 대열에는 진주지역 주민뿐만 아니라 인접한 곤양군과 단성현 등지의 농민들도 참여하였다.

며칠에 걸쳐 덕천강을 따라 행진해 오던 농민들의 일부는 2월 17일 항쟁이 처음 모의되던 내평 마을에도 들어왔다. 농민들이 들어오자 마을 사람들은 이들을 맞아들여 음식을 대접하였다. 교리 이명윤의 집에서도 가마솥 4, 5개에 밥을 지어 이들을 대접하였다.

이 무렵 감영에서는 통환을 혁파한다는 공문을 발송하였다. 도결에 대해서도 혁파하도록 진주목에 명령을 내리겠다고 약속하였다. 그러나 항쟁 지도부에서는 수곡도회 때 감영 의송 자체를 거부하였으므로, 감영의 결정에도 불구하고 바로 해산하지 않았다. 이 점은 진주항쟁의 단계가 매우 진전되었음을 보여준다. 즉 의례적인 감영의 태도에 흔들리지 않고 예정된 집단 시위를 감행하여 실질적으로 그들의 요구를 보장받고자 하였던 것이다.

내평촌 등 인근 마을에서 하룻밤 기숙한 농민들은 이튿날(2월 18일) 오전

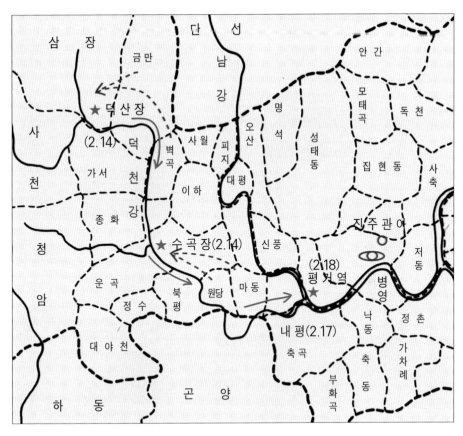

인근에 위치한 평거역(平居驛) 부근으로 진출하였다. 평거역은 진주성 서쪽 5리 지점에 있어서, 진주 서면 쪽이나 단성·산청현의 사람들이 진주읍으로 들어올 때 반드시 거치게 되는 중요한 요충지였다. 이때에 와서는 이미 동·남·북부 지역의 농민들까지도 항쟁에 참여하고 있었다. 물론 이들의 활동이 일률적인 것은 아니었다. 활동 목표는 함께 하면서도 구체적인 활동양상은 면리별 조직 단위로 움직였던 것이다.

농민군의 주력은 평거역촌 일대에서 도결·통환 혁파를 외치며 시위하고 있었고, 그 가운데 일부는 인근 부호들의 집을 공격하기도 하였다. 진주목

농민군의 관아로의 행진 경로

관아에서 서쪽으로 조금 떨어진 오죽전(五竹田 : 평거역의 동쪽에 위치)에서도 일부 농민들이 도회를 열고 있었다. 또한 같은 무렵 초군은 읍내에서 이서의 집을 부수는 등의 행동을 취하고 있었다. 당시 우병사 백낙신의 보고에 의하면 그 수가 수천 명에 이르고 있었으며, 풀어헤친 머리에 흰 두건을 쓰고 각자 몽둥이 등 무기를 들고 있었다고 한다.

농민들은 처음에는 진주목을 직접 공격하지 않고 관청 부근에서 시위를 하면서 그들의 요구조건을 제시하고 있었다. 물론 도결 혁파가 가장 중요하였다. 이때 목사는 갑자기 전개된 사태에 깜짝 놀라 해결방안을 모색하였다.

평거역 부근(○표한 부분)

힘으로써 저지할 수 없다는 것은 명백하였다. 그는 이명윤이면 혹시 이들을 회유할 수 있지 않을까 생각했다. 목사는 이명윤과 평소에 어느 정도 친분이 있었을 뿐만 아니라, 이명윤이 이번 사태에 관련이 있다는 소문을 들었기 때문이었다.

목사는 그에게 편지를 써서 사정하였다. 연락을 받은 이명윤은 바로 읍내로 들어갔다. 이명윤이 목사의 요청을 회피하기란 어려웠다. 친분을 무시할 수도 없거니와, 회피한다면 자신에게도 이롭지 않을 수 있었기 때문이다. 그는 배후 조종자로 소문이 났기 때문에 가능한 한 사태를 원만히 해결해야 했다. 초군들도 그가 관에 대해 비판적인 인물이었으므로, 동헌으로 들어갈 때 그를 쉽게 통과시켜 주었다.

목사는 이명윤을 보자마자 그를 붙들고 사정했다. 이명윤은 일단 응락을 하고 초군들을 회유하였다. 농민들은 이명윤에게 도결 철폐를 보장하는 완문(完文 ; 어떤 권리의 부여나 의무의 면제를 확인해 주는 문서)을 요구하였다. 김수만이 앞장서서 도결 혁파의 증거로서 완문을 써줄 것을 강력히 요구하였다. 이명윤은 다시 목사에게 돌아갔다. 그리고 도결 혁파를 설득하였다. 목사는 어쩔 수 없이 도결을 혁파하기로 하고 이를 확인하는 문서인 완문을 작성하여 이명윤에게 주었다. 이명윤은 완문을 받아 다시 초군들에게 보여주었다. 초군들은 환호성을 올렸다. 그리고는 이명윤의 활동에 찬사를 보냈다. 심지어 나중에 그를 위한 기념비를 세워야 한다는 주장까지도 나왔다.

완문을 얻어낸 농민들은 진주목 관아에 대한 시위를 마치고 병영을 향하

여 전진하였다. 나아가는 도중에 위치한 진주목의 이방·호방의 집에 대해
서는 여지없이 부수고 불태웠고, 그 밖에 다른 서리들의 집도 공격하였다.
서울에서 세를 거두러 내려와 머물고 있던 자, 개성 상인으로 물건을 팔려
고 내려온 자 등 이서들과 결탁하여 고을 주민들을 착취하고 막대한 이익을
얻은 자들에 대해서도 모두 그 집을 부수고 물건을 빼앗았다.

이때 읍내 주민들도 적지 않게 가담하였다. 하철용(河哲用)은 서리의 집을
공격할 때 앞장섰고, 재임(齋任 ; 서재나 제각의 임원)이었던 염선암(廉先岩)도
관까지 벗어던지고 초군과 같이 수건을 머리에 동여매고 이들의 대열에 끼
어들어 함께 행동하였다. 그리고 김왕목(金旺目)·신갑손(申甲孫)·조이종(趙
以鍾) 등도 모두 읍에 거주하는 관속이었는데도 공격에 참여하였다.

〈표 4〉 도결 혁파 완문

```
            완   문

완문을 작성해 지급한다. 본 읍의 이른바
도결은 농민의 원에 따라 지금 혁파하니
이에 따라 영구히 따르는 것이 마땅하다.
               임술 2월
    목사(인)

          이방 김윤두(인)
          좌수 양(梁) (인)
```

完文

爲完文成給事本州所謂都結從民願今爲革罷爲
去乎依此永久遵行宜當者   壬戌二月   日

使 押

吏房金閏斗 押

崔甫梁 押

도결혁파 한문체 완문 : 이 완문은
《나동리문서(奈洞里文書)》(국사편찬위
원회 소장)에 실려 있는 것으로서,
번역하여 제시히면 〈표 4〉와 같다.

15. 읍내장에 집결한 농민들, 벌벌 떠는 병사와 목사

다음날인 2월 19일 아침, 초군들은 병영을 목표로 삼고 대안리(大安里)에 있는 읍내 장터로 집결하였다. 이 읍내장은 남쪽으로 병영 관아가 있는 촉석성(진주성)과 바로 접하고, 북쪽으로는 객사(客舍)와 접한 채 남북으로 길게 형성되어 있는 광장에 서고 있었다. 객사에서 서쪽으로 약간 떨어진 곳에 진주목사 관아와 기타 관속들의 청사가 밀집해 있었다. 농민들은 촉석성 안에 있는 병영을 바로 공격하지 않고 이 장터에 모여 시위를 벌였다.

이때 병사 백낙신은 평소대로 농민들을 업신여기며 이들을 회유한다고 객사 앞의 군막에까지 나왔다. 그러나 농민들은 이미 예전과는 달리 기세가

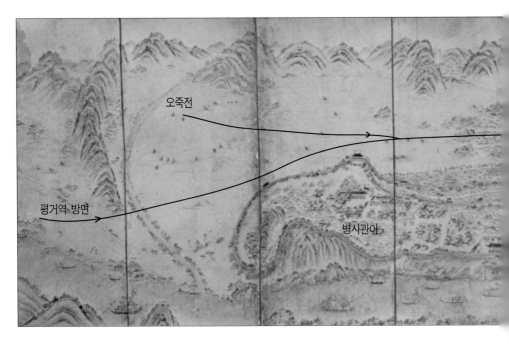

농민군의 활동상황(진주성도)

등등하였다. 농민들의 기세에 눌린 병사는 그 상황을 모면하기 위해 중영(中
營 : 촉석성을 별도로 관할하는 진영) 소속 서리로서 포흠을 많이 범한 김희순
(金希淳)을 제물로 삼았다. 모든 책임을 그에게 전가하고 그를 그 자리에서
끌어내어 곤장을 때려 죽였다. 그리고는 눈치를 살피면서 농민들이 강력하
게 요구하는 통환 철폐를 약속하는 완문도 서둘러 작성해 주었다.

그렇다고 농민들의 기세가 누그러질 까닭이 없었다. 백낙신의 이러한 태
도에 농민들은 오히려 더 분개하였다. 백낙신은 이전부터 탐학이 심하여 평
판이 좋지 않았다. 그가 1859년 전라좌수사로 있을 때도 환곡의 포흠분을 농

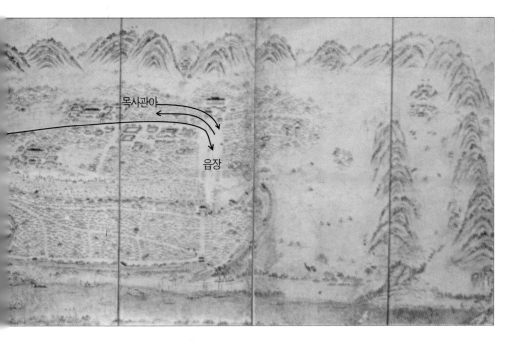

민들에게 거두어서 상당한 액수를 착복한 사실이 드러나 처벌받은 적이 있었다. 이같은 행적을 남긴 그가 4년도 채 안 되어서 경상우병사로 부임하게 된 것이다.

우병사로 진주에 온 이후에도 그는 여러 가지로 주민을 수탈하였다. 1861년 겨울, 환곡을 수납할 때 돈으로 환산하여 높은 액수를 매겨 거두고 남는 부분을 착복하였다. 그것이 약 4만 1천여 냥이었다. 또 그는 병고전(兵庫錢)을 마음대로 사용하면서 고리대를 하였다. 즉 병고전 3,800냥으로 쌀 1,266석을 마련하고는 병고의 폐단을 줄인다는 명목으로 농민에게 강제로 나누어 주고, 가을에 1석당 5냥 5전씩 거두어 들였다. 결국 3,800냥을 이용하여 몇 개월 만에 두 배 가까운 6,960냥을 만들었던 것이다. 이 가운데 남은 부분은 그의 주머니로 들어갔다.

뿐만 아니라 진주민들이 오랜 기간 동안 노력해서 개간한 토지도 수탈하였다. 진주읍에서 서쪽으로 3리 정도 떨어진 지점의 남강은 '청천(菁川)'이라 불렸다. 그 주변에 형성된 넓은 부지도 청천이라 불렸는데, 이곳은 오래전부터 군사 조련장으로 이용되고 있었다. 그런데 후대로 가면서 군사 조련이 제대로 행해지지 않자 농민들이 그 변두리를 점차 개간해 나갔다. 그것이 이미 여러 해가 되었는데도, 백낙신이 부임하면서 갑자기 이를 불법 경작이라고 트집잡고 강제로 세를 징수하여 2천여 냥을 착복하였던 것이다.

부호들에 대해서도 여러 가지 명목을 붙여 돈을 뜯어냈다. 우병영에서 가까운 칠원·진해·함안·창원 등지에서 부호들을 잡아다가 법에서 금하는

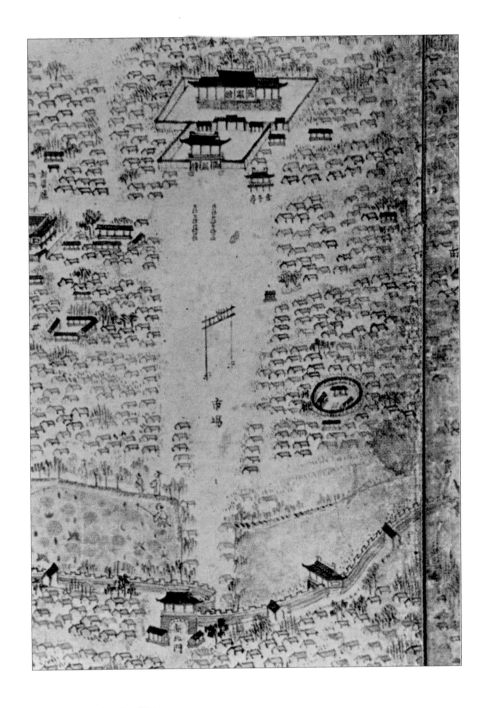

읍내장터(진주성도 일부
확대) : 북으로 객사, 남으로 촉석성
신북문과 접하는 길다란 광장에
있었다.

광산을 채굴하였다는 죄목으로 마구 형벌을 가하였다. 사족일지라도 서민과 마찬가지로 주리를 틀었다. 이렇게 하여 이름을 알 수 있는 자에게서 강탈한 액수만 해도 2천 냥이 넘고, 그 밖에 소소한 것은 얼마나 되는지도 알 수 없었다고 한다.

농민들은 함성을 지르며 그를 겹겹이 에워쌌다. 그를 수행했다가 함께 곤욕을 치르던 우후(虞候 ; 병사를 보좌하는 종3품의 무관 벼슬) 신효철(申孝哲)은 겁을 먹고 병사를 내버려둔 채 성안으로 도망쳤다. 그 역시 병사의 명령에 따라 농민들에게 가혹한 형장(刑杖)을 쳐서 원성을 많이 샀기 때문이다.

이와 함께 주목되는 것은 이때 함께 병사를 수행했던 진주진 영장은 통환과 직접 관계가 없다고 하여 농민들이 선뜻 길을 열어주었다는 점이다. 이는 농민들 역시 부세 수탈이 관리를 중심으로 한 구조적 수탈임을 어느 정도 인식하고 있었다는 것을 알려준다.

농민들은 백낙신을 둘러싸고, 이때까지 그에게서 당한 수탈을 각자 따지고 그동안의 죄과를 일일이 열거하며 욕을 퍼부었다. 밤이 되어도 농민들이 포위를 풀어 주지 않아서 결국 백낙신은 길가에서 밤을 지새게 되었다. 백낙신이 저지른 죄과가 워낙 컸을 뿐만 아니라 자신이 직접 부하를 살해하는 만행을 저질렀기 때문에, 농민들은 진주 목사보다 훨씬 심하게 병사를 공격하였다. 만 하루를 꼬박 농성하면서 착취자들을 응징하였던 것이다.

한편 초군들은 백낙신이 김희순을 마구 쳐죽이는 바람에 예상치 않은 피를 보고 흥분하였다. 김희순이 맞아 죽어야 했다면, 그보다 죄가 컸던 병영

이방 권준범(權準範)도 용서할 수 없었다. 권씨는 이 지역의 서리 집안으로서 원성이 매우 높았다. 초군들은 권준범을 즉각 처단하여 김희순의 시체와 함께 불에 던졌다. 그의 아들 권만두(權萬斗)가 그를 구하려고 뛰어들다가 역시 맞아 죽었고, 사촌동생 권종범(權淙範)도 맞아서 생사불명이었다. 이미 날은 어두워 누가 앞장섰는지도 모를 지경이었다.

2월 20일 새벽 날이 점차 밝아오자, 초군들 가운데 일부는 다시 진주목 관아로 들어갔다. 병영에 대한 처벌이 이루어졌으므로 진주목 본부에 대해서도 처벌이 이루어져야 한다는 주장이 드세었기 때문이다. 진주목 동헌으로 몰려간 이들은 목사에게 병영 이방을 이미 처단하였으니 본부 이방도 내놓으라고 요구했다. 그렇지 않으면 목사를 병사가 앉아 있는 곳으로 끌고 가겠다는 것이었다. 그러나 이방 김윤두(金閏斗)는 이미 낌새를 채고 도망친 후였다. 다른 서리들이나 관속들도 자신의 목숨을 보존하기에 급급하여 감히 나서지 못하고 흩어져서 도망하였다.

초군들은 목사가 거처하는 방안까지 뛰어들어 계속 강요하였다. 이들의 기세에 눌려 목사는 더이상 버티지 못하고 밖으로 나왔다. 그러자 농민들은 그를 둘러싸고 교자(轎子)에 그를 태웠다. 우산까지 펼쳐서 목사 행차를 차리고는 병사가 앉아 있는 객사 앞으로 나아갔다.

이때도 역시 김수만이 앞장서고 원세관·우양택·심의인 등이 적극 가담하였다. 원세관은 본래 읍내에서 거주하다가 벽지 골짜기로 이주하여 장롱을 만들면서 살아온 농장(籠匠)이었다. 그는 덕산장시를 공격할 때부터 가담하였다. 그리고 초군들이 읍에 도착하기 전에 미리 읍내에 들어와서 상황을 살피다가 다시 가담한 것이다. 우양택은 초군은 아니었으나 이때 열심히 활동하였다. 나중에 안핵사 박규수의 조사서에서 이들은 본래 '교활한 자' 또는 '무뢰배'라고 일컬어졌다. 감히 수령에게 대들었다는 점에서 매도한 것이었다. 심의인은 읍내에서 어린아이들에게 글공부를 가르치는 것을 직업으로 삼고 있었던 것으로 미루어, 그도 가난한 지식인이었던 것으로 보인다. 그는 사건이 일어나자 즉각 현장에 뛰어들어 수령에게 항의하고 욕설을 퍼부었다.

병사가 잡혀 있던 자리로 끌려나온 목사는 여러 가지로 변명과 호소를 하였다. 한편으로 그는 백성의 도리로서 감히 수령을 이와 같이 대할 수 있느냐고 말하면서 목사로서의 위엄을 세우려 하였다. 이날 점심 때쯤해서야 농민들은 초군 지휘자의 명령에 따라 병사와 목사를 풀어주었다. 그러자 병사는 쏜살같이 성안으로 달려들어갔고, 목사는 초군들에 의해 교자에 태워져 돌려보내졌다. 농민 지도부에서는 처음부터 이들을 직접 공격할 의도는 없었던 것 같다. 그러나 병사를 감금하고 목사를 강제로 끌어오는 데서 보듯이, 중앙에서 파견된 관리로서의 권위는 이미 크게 떨어져 있었다.

농민들의 조직활동을 가장 잘 보여주는 예는 진주 이방에 대한 공격과정이다. 농민들이 진주목 관아에 몰려갔을 때 이방이 이미 도망쳐버리고 없자, 일대의 초군들이 그의 체포에 나섰다. 여기에는 이귀재를 지휘자로 하여 최용득, 안계손, 조성화, 강인석, 사노 순서(順瑞) 등이 가담하였다.

특히 안계손은 산골짜기를 헤치며 이방을 찾아서 쫓아 다녔다. 그는 이방의 뒤를 따라 붙었으나 힘이 부족하여 체포하지 못하고, 결국 이귀재에게 달려가서 보고하였다. 강인석은 이귀재의 명령을 받고 이방을 쫓아 차원(車院 : 관아의 동북쪽 신당리)까지 추격하였다. 마침내 조성화는 이방을 찾아내어 초군들이 모인 곳에 보고하였다. 사노 순서를 비롯한 초군들은 개정(介亭)까지 쫓아가서 김윤두를 체포하였다. 대장인 이귀재가 먼저 몽둥이를 휘둘렀고 잇달아 몽둥이가 난무하면서 김윤두는 그 자리에서 처단당하고 불태워졌다. 그의 아들 김재호도 역시 그곳에서 얻어맞아 크게 다쳤다.

이때 이귀재와 같이 활동했던 사람들은 대부분 용봉리에 소속된 초군이었던 것 같다. 다른 경우의 예는 구체적으로 잘 알 수 없지만, 이와 같이 각 지역 초군들이 함께 항쟁에 참여하면서도 면리별 조직체계에 따라 활동하였고, 경우에 따라서는 일을 분담하였던 것이다.

이런 활동에는 각 지역 지휘자들의 역할이 컸다. 그들의 명령에 따라 초군들이 움직였다. 용봉의 이귀재뿐만 아니라 가서리의 정원팔이라든가, 목사를 공격할 때 앞장서서 초군을 지휘했던 곽관옥 등도 그러한 대표적인 인물이었다.

16. 영천강을 거슬러 동남쪽 외곽 촌락으로

다음 단계는 읍내에 대한 공격을 끝마치고 다시 외곽 촌락지역으로 항쟁을 확대시켜 가는 과정이었다. 첫번째 단계에서도 외곽 촌락에 대한 공격이 있었지만, 그것은 일부 특정지역, 특히 항쟁이 처음 발발한 서부 지역에서만 주로 나타났다. 그러나 이제는 이미 진주 안 다른 지역의 농민이 항쟁에 참여했을 뿐만 아니라 읍내에서의 활동을 성공적으로 수행한 뒤였으므로, 진주의 전 지역으로 공격을 확대시켜 나갔다.

2월 20일 오후, 농민들은 앞으로의 활동에 대해 토론을 벌이고는 대오를 다시 정비하였다. 그리고 지역에 따라 농민들은 일을 분담하여 외곽 촌락으로 나섰다. 이때의 농민군의 활동 양상은 전체적으로는 알 수 없고, 다만 동남쪽으로 진출한 농민집단의 활동만을 찾아볼 수 있다. 이들은 소촌리(지금의 문산면), 대여촌리(지금의 금산면 북부 일대), 개천리(지금의 고성군 개천면) 등을 거치면서 소촌역(召村驛 ; 지금의 문산성당 근처), 옥천사(玉泉寺 ; 현재 고성군 개천면 연화산 기슭에 있는 절), 그리고 평소에 악명 높았던 토호의 집 등을 공격하였다.

소촌역은 읍내에서 동남쪽으로 24리 정도의 거리에 위치하였으며, 교통의 요지에 자리잡고 있었다. 그리고 이곳은 조선 전기부터 음직(蔭職) 6품의 찰방이라는 관리가 파견되어 있던 중요한 역 가운데 하나였다. 즉 소촌역의 찰방은 진주의 평거·영창(永昌)·문화(文化)·부다(富多)역, 곤양의 완사(完沙)·양포(良浦)역, 남해의 덕신(德新)역, 사천의 관율(官栗)·동계(東溪)역, 고성의 송도(松道)·구허(丘墟)·배둔(背屯)역, 거제의 오양(烏壤)역, 진해의 상

1920년 문산 마을 : 우측 상단(ㅇ표한 부분)에 찰방 관아였던 문산성당이 보인다.

소촌역 찰방 관아 : 1907년부터 문산성당으로 이용되었다.

령(常令)역, 의령의 지남(指南)역 등 인근에 있는 15개의 역을 직접 관할하고 있었다.

게다가 임란 이후 우병영이 진주로 옮겨오고 인근 고성에 통제영이 설치되면서, 이러한 중요 지역의 연결에 관련된 일이 첨가되어 소촌역의 비중은 더욱 커졌다. 따라서 농민들로서는 진주목과 병영에서와 마찬가지로 소촌역 관아에 대해서도 그들의 의지를 보일 필요가 있었다. 2월 20일 밤, 농민들은 대열을 지어 이곳에 들이닥쳤다. 이곳 6, 7백 호에서 농민군을 대접할 정도였다고 하니, 상당히 많은 농민이 참여하였음을 알 수 있다.

2월 21일 아침, 농민들은 찰방 관아 앞에서 시위를 벌였다. 그러나 소촌역의 찰방이 청렴하다고 하여 그를 목사나 병사처럼 욕보이지는 않았다. 다만 농민들이 소를 도난당하는 것이 역포(驛庖 ; 역에 소속된 도살장) 때문이라고 보고, 이후 소를 도난당하였을 경우 소촌역에서 그 값을 변상할 것과, 역의 복호(復戶 ; 여러 가지 역이 면제된 호)를 다른 동리에 팔지 않는다는 것을 내용으로 하는 완문을 받아낸 정도였다.

농민들이 동남쪽으로 행진하는 과정에서 철저히 공격당한 자는 평소 농민들을 괴롭혔던 양반 토호들이었다. 그 대표적인 예가 양반 성석주(成奭柱)와 생원 최운(崔雲)이다. 농민군은 2월 22일 새벽, 북쪽의 대여촌리 남성동(南星洞)으로 나아가 성석주의 집을 파괴하였다. 또한 같은 날 남쪽으로 영천강을 거슬러 올라가 개천리 청강(靑岡)마을의 최운의 집도 파괴하였다. 이들은 양반이자 부호로서 권세와 부를 이용하여 농민들을 괴롭혔으므로 평소에 원성

이 높았다. 따라서 농민들로서는 첫째가는 공격 대상이었다.

한편 이전에 지도부에서 공언했듯이 항쟁에 불참한 면리에 대한 벌전을 이때에 거두었다. 즉 농민군은 개천리만이 농민항쟁에 불참하였다는 이유로 여기에서 2백 냥을 징수하였던 것이다. 상당히 무거운 징벌이라고 볼 수 있다. 이것을 볼 때 벌전을 부과하는 규약이 농민들의 참여도를 크게 높였음을 추측할 수 있다.

다음으로는 옥천사가 공격 대상이 되었다. 옥천사는 개천리 부근에 있는 큰 절로 승려가 수백 명에 달했다. 이 절은 산지의 땔나무 채취를 금하여 농

개천면 청강리 최운 고가 : 현재는
박씨집으로 바뀌어 있다.

민들의 원성을 샀고, 절에 속한 토지의 환곡 분급을 면제받아 상대적으로
이 지역 농민들의 부담을 늘렸다. 또한 절 토지를 얻어 부치는 농민들과 마
찰이 심했으리라고 짐작할 수 있다. 평소의 이같은 봉건적 수탈 때문에 이
절은 기회가 있을 때마다 공격대상이 될 수밖에 없었다. 30년 이후에 일어난
동학군 봉기 때도 옥천사는 경남 서부지역 농민군의 공격대상이 되었다.

　그런데 농민들이 공격할 것이라는 낌새를 알고 절 쪽에서 미리 승려 4, 5
명을 보내어 농민들에게 절에서 유숙하도록 요청하였다. 농민들은 승려들의
권유에 따라 옥천사에서 음식대접을 받으며 하룻밤을 기숙하였다. 이때 옥

옥천사 전경

천사에서는 농민들을 대접하느라고 쌀 62섬, 짚신 50죽, 담뱃잎 50파 등이 소비되었다고 한다. 그것에 대한 보답인지는 모르겠지만, 2월 23일 아침 농민들은 옥천사를 떠나면서 개천리에서 거둔 벌전 2백 냥을 옥천사 객사의 수선비용으로 쓰라고 내놓았다.

위와 같이 진주 동남지역에서는 소촌역, 옥천사 등을 주요 공격대상으로 설정하고 그 밖에 양반가, 부호가 등을 공격하면서 나아갔다. 다른 지역에서는 농민들의 행진 경로를 알 수는 없으나, 공격받은 자 가운데는 마동리의 정영장(鄭營將), 각리 훈장(訓長), 남강원(南岡院) 주사(主事), 평소 고을 안에서 무단을 저지른 권세가, 부호의 집 등이 있었다.

마동리의 정영장은 남성동의 성석주와 청강의 최운과 마찬가지로 긴급하지도 않은 서원·사우 건립을 위한 사역에 농민들을 무절제하게 동원해 원성을 샀다. 각 리의 훈장들은 도결과 통환을 농민에게 분배하여 징수할 책임을 진 자로서 농민들의 공격대상이 되었다.

남강원은 철종의 외척인 안동김씨 김수근(金洙根 : 철종의 장인 汶根의 형, 호는 溪山)을 기리기 위한 서원인데, 안동김씨에게 아부하여 관직을 획득하고자 하는 자들이 이를 세우는 일을 꾀하고 있었다. 이러한 목적의 서원 건립은 이미 안동과 거제에서 김진형(金鎭衡)과 이유겸(李有謙) 등에 의해 이루어졌다. 그것이 영남의 다른 지역에도 파급되었다.

단성항쟁의 주도자였던 김인섭의 《단계일기(端磎日記)》에 의하면, 농민항쟁이 일어나기 바로 전해인 1861년 6월경에 진주의 일부 부유한 인사들과 단성의 일부 몰염치한 자들이 작당해서 이 서원을 세우려고 하였다고 한다. 그러나 이러한 시도에 대해 정규원(鄭圭元) 등 당시 진주의 명망 있는 사족들이 통문을 돌려 비난하고 나섰다. 이로 인해 인근 고을의 여론이 좋지 않자, 서원 건립 사업은 중지된 것으로 보인다.

'주사'란 바로 그 서원을 세우는 데 앞장섰던 인물들을 말하는 것이지만, 그들이 구체적으로 누구인지는 알 수 없다. 다만 정규원의 통문에 의하면, 원래 노론 쪽을 배척하던 다른 당파 인물의 자손이었다는 것만 알 수 있을 뿐이다. 어쨌든 이것은 조선시대의 지배층이 대를 이어 엄격하게 지켜나가던 당파적 지조도 지키지 못하고, 자기 자신의 출세를 위해서는 비난을 감수해서라도 이러한 일을 시도할 정도로 이 지역 사림의 침체가 심각하였다는 것을 보여준다. 진주지역 일부 사족의 이러한 행동은 바로 농민들의 새로운 부역 문제로 연결될 뿐만 아니라, 그 행동의 비굴함 때문에 농민들의 공격 표적이 되었던 것이다.

이 밖에 무단을 행한 토호나 경향 각지에서 자기 이익만 꾀했던 양반, 그리고 봉건권력과 결탁하여 이익을 취하고 있었던 부민들이 농민군의 공격을 받았다. 《단계일기》에 의하면, 이 밖에도 사월리의 두 이씨(성주이씨와 재령이씨), 소남리의 조씨(함안조씨)의 집도 공격당한 것으로 되어 있다. 농민들이 2월 23일까지 22개 리(면)를 돌아다니면서 공격·파괴한 집은 56호나 되고, 재물을 빼앗은 집은 40호였다고 한다. 결국 항쟁이 시작된 2월 14일부터 2월 23일까지 항쟁 전 기간에 걸쳐 부수어지거나 불탄 집은 모두 126호였으며,

돈·곡식 등의 재산을 빼앗긴 집은 78호나 되었던 것으로 나타난다.

이 단계에서는 각 지역별로 농민군을 나누어서 활동하였고, 공격목표를 미리 설정하여 효과적으로 공격하였다. 진주는 70여 개의 리가 있었는데, 이 가운데 22개 리만 공격한 것은 미리 중요대상을 설정하였기 때문인 듯하다. 따라서 활동기간까지도 계획하여 모든 지역에서 23일, 같은 시간에 해산하였던 것이다.

이 기간 동안에도 병영에서는 아무런 대책을 세우지 못하고 단지 포교들을 각처에 보내어 정탐할 따름이었다. 병영의 물리력으로도 도저히 제압하기 힘들 정도로 농민들의 세력이 강성하였던 것이다.

마지막으로 해산 이후 농민들의 활동을 살펴보자. 본래 농민군은 외곽 촌락으로 나가기 전에 뒷날 다시 날짜를 정하여 성내에 들어오겠다고 공언하였다. 그런데 동남쪽으로 행진했던 농민들은 진주의 동남쪽 변경인 옥천사에서 유숙하고 난 이후인, 2월 23일 오후쯤에 해산하였다. 해산하게 된 경위에 대해서는 잘 알 수 없다. 다만 농민군이 '이제 고을의 일이 개혁되었으며, 조세납부의 시기가 박두하였는데 이를 급히 납부하는 것이 백성의 도리'라고 하면서 해산하였다는 소문만 전해진다. 아마 외곽 촌락을 공격한 뒤에 바로 해산한 것으로 보아, 이는 다시 읍내를 공격하겠다기보다는 이후 추이에 대해서 계속 대처하겠다는 의도였다고 보인다.

이들이 해산한 뒤에 과연 어떤 활동을 하였는지 자세히 알 수는 없다. 그러나 다음달인 3월에도 수만 명이 다시 진주성 아래에 진을 쳤다고 하며, 박규수가 안핵사로 내려갔을 때도 약 70개 지역에 모여 있으면서 안핵사에게 부세문제를 건의하였다고 한다. 당시 진주가 70여 개의 리로 이루어져 있었으므로 이때도 리 단위로 집결하고 있었음을 뜻한다. 이때의 우두머리는 정씨 성을 가진 젊은 청년이었다고 하는데, 아마 이는 유계춘 등 주도층이 체포되고 활동이 장기화되면서 지도부가 젊은 층으로 점차 바뀌어 간 결과가 아닌가 생각된다.

이처럼 2월 23일 해산 이후에도 농민들의 열기는 가라앉지 않았다. 특히 안핵사와 같이 특수한 임무를 띤 관리가 파견되자, 그들의 요구를 재확인하려고 다시 모였다. 심지어 체포·구금된 자가 몰래 각 면에 통문을 보내어 다시 집회를 열어 자기들을 구해달라고 촉구하기도 하였다. 따라서 이미 신임 목사·병사가 파견된 뒤에도 항쟁의 분위기는 여전하였던 것이다.

농민군이 해산한 이후에 나타난 활동의 특징은 다음과 같다. 첫째, 해산후 관의 탄압으로 유계춘 등의 주동자들이 체포된 뒤에도 새로운 인물들이 활동을 주도하였다. 이들은 항쟁과정에서 부각된 매우 활동적인 인물이었을 것이다. 둘째, 활동의 내용은 미리 예정한 대로 다시 집단시위를 벌이는 것이었는데, 이는 이전에 목사와 병사에게서 획득하였던 내용을 중앙에서 특별히 파견된 관리를 통해 다시 다짐받기 위해서였다.

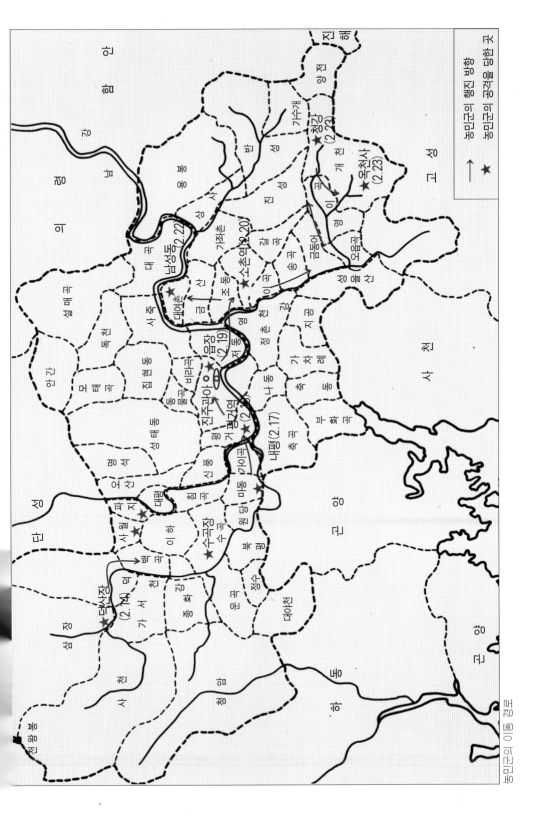

농민군의 이동 경로

17. 박규수가 안핵사로 오다

 농민항쟁을 직접 겪은 현지의 관리들은 한편으로는 수습책에 부심하면서, 다른 한편으로는 사건의 중대성 때문에 중앙에 보고하지 않을 수 없었다. 경상우병사 백낙신은 초군들이 읍내에 들어왔다가 외곽으로 빠져나간 직후인 2월 20일 오후에 1차 장계를 올렸다. 장계의 내용은 초군작변의 발생, 이들의 요구사항 그리고 자신에 대한 변명 및 20일까지의 피해상황을 담고 있었다. 백낙신은 2월 25일 두 번째 장계를 올렸다. 여기서는 주로 목사가 초군들에게 당한 사실과 20일 이후 초군들이 읍내를 빠져나간 다음의 동정을 보고하였다. 그는 보름쯤 뒤 세 번째 장계를 올렸다. 여기서는 외곽 촌락에서 일어난 피해를 보고하고 있다.

 한편 진주에서 농민항쟁이 일어나고 있던 무렵, 경상도의 신·구 감사가 교체되고 있었다. 신임 감사 이돈영은 2월 20일 왕에게 하직인사를 하고 임지로 내려오던 도중이었다. 전감사 김세균도 감영을 떠났다. 두 사람은 문경에 있는 조령진

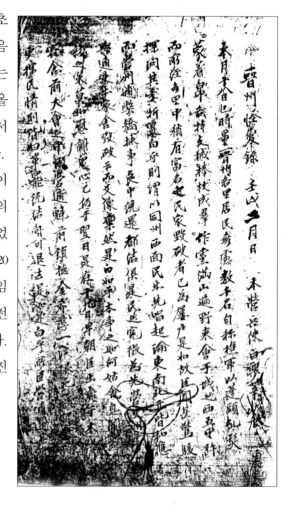

우병사 백낙신의 1차 장계(《진주민변록》) : 이 장계는 농민항쟁 초기의 상황과 농민들의 요구사항, 항쟁과정에서의 피해상황에 대해 보고하고 있다.

에서 만나 직무를 인수 인계하고 있었다.

여기에서 그들은 우병사가 올린 1차 장계의 내용을 보고받았다. 그들은 병사에게 각진에서 포졸을 풀어 조사하라고 지시하고, 이돈영의 이름으로 왕에게 장계를 올렸다. 그는 백낙신의 보고내용을 그대로 전달하면서, 초군들이 합법적으로 관에 호소를 거치지 않았다는 점과 이들이 다시 읍으로 들어오겠다고 했던 점을 들어 이들을 흉악한 도적 무리와 다름없다고 규정지었다. 따라서 이들을 은혜로써 고치기는 어렵고 권위로써 억눌러야 한다고 주장했다. 한편 병사·목사에게도 사건을 미리 무마하지 못하였기 때문에 책임이 있음을 밝혔다.

이들의 장계는 2월 29일 비변사에 도착하였다. 이러한 보고를 통해 사태를 알게 된 정부는, 이 사태를 전례 없는 변괴라고 보고 즉각적인 조치를 취하였다. 정부는 먼저 서리들의 횡령이 농민들에게 고통이 된다고 하더라도 이를 수령이나 감영, 나아가 정부에 호소하지 않고 무력봉기하는 것은 잘못이라고 해서, 농민들의 행위를 비난하였다. 그리고 이를 사전에 막지 못한 지방관의 책임을 물어 진주목사 홍병원과 경상우병사 백낙신을 파직하고, 의금부에서 체포하여 처리하도록 하였다. 전임 경상감사 김세균에 대해서도 그가 아직 도내를 떠나기 전에 사건이 일어났다고 하여 책임을 물어 파직하였다.

이와 함께 비변사는 사건을 엄중하게 처리하기 위해 박규수를 해당 지역에 안핵사로 파견할 것을 건의하였다. 이러한 건의가 바로 받아들여져 박규수가 안핵사로 임명되었다. 당시 박규수에게 교서를 통해 전달된 왕의 입장은, 조사를 신중히 하여 가능한 한 처벌을 축소하여 마무리짓도록 하라는 것이었다. 왕은 사건의 본질이 농민에 대한 과도한 수탈에 있음을 알고 있었다. 왕은 박규수에게 일부 주모자를 제외한 나머지는 보호할 것과 서리에 대한 처벌 및 부세문제를 해결할 수 있는 방법을 강구할 것을 부탁하였다.

3월 1일 안핵사 박규수는 진주로 출발하였다. 3월 9일 선산에 도착한 박규수는 진주목사 홍병원이 파직된 뒤 진주의 수령을 임시로 겸하고 있던 합천군수 조병노에게 관문(關文 ; 상급기관의 명령문)을 보냈다. 농민들의 우려를 해소하기 위한 것이었다. 박규수는 농민은 원래 대대로 국왕의 '적자(赤子 ; 갓난 아이)'인데 수령이 잘못하여 봉기가 일어나 농민들을 '난민(亂民)'으로 만들었다고 지적하고, 농민들에게 의구심을 버리고 안심하고 농사지을 것을 권유하였다. 그는 자신의 임무가 봉기 농민을 처벌하려는 데 있는 것이 아니라, 항쟁의 근본 원인인 폐단을 해결하여 진주민을 다시 살리는 데 있다고 하였다. 따라서 진주 각 면리에 이 관문을 베껴서 반포하여 자신의 뜻을 농민들에게 전달하도록 명하였다.

박규수는 3월 18일에야 진주에 도착하였다. 진주농민항쟁이 일어난지 한달만에 현지에 도착한 것이다. 이때는 이미 진주목사가 3월 13일에 부임하고 경상우병사가 15일에 부임한 뒤였다. 정부는 3월 1일 진주목사에 정면조(鄭冕朝), 경상우병사에 신명순(申命淳)을 임명하고는 서둘러 진주에 내려보냈던 것이다.

이날 비변사 관문이 도착하였는데, 3월 10일자 왕의 전교가 실려 있었다. 박규수는 도착 직후 이 내용을 한문과 한글로 옮겨서 각 면리의 큰 길에 벽보로 붙였다. 왕의 덕정을 전파하여 농민들을 타이르고 진정시키려는 것이었다. 그리고 왕에게 장계를 올려 도착하기까지의 사정을 보고했다.

박규수는 안핵사업의 방침을 농민항쟁의 원인인 수령 및 서리들의 횡령을 조사하고 난 뒤, 항쟁을 주도한 죄인들에 대하여 치죄하는 순서로 정하고 있었다. 그렇게 한 원인의 하나는 당시 항쟁의 연루자가 15명밖에 체포되지 않아 사태의 전모를 파악하기 어려웠다는 점이다. 또 하나의 원인은, 그가 취한 유화책의 입장에서 보면, 처벌도 중요하지만 그 원인을 파악하여 근본

안핵사 박규수의 장계(《진양초변록》)

적으로 치유하는 것이 더욱 중요하였기 때문이다. 만약 강경책을 써서 가혹하게 처벌한다면, 아직 안정되지 않은 민심이 동요되어 항쟁이 다시 일어날 가능성도 없지 않았던 것이다.

사실 진주 농민들도 2월 23일 해산한 이후 농민항쟁이 어떤 방향으로 수습이 될지 상황을 주시하고 있었다. 예상대로 주동자들이 속속 체포되기 시작하여, 3월 15일 이전에 이미 통문을 돌려 최초 항쟁을 선동한 유계춘을 비롯하여 15명의 주동자가 체포되었다. 박규수가 진주에 도착하던 날 강경책을 걱정하던 무리와 구경꾼들이 성 안팎을 가득 메워 사태의 추이를 지켜보았다. 그들은 안핵사에게 호소해 보려고 시도하면서 며칠 동안 시위를 벌여 압력을 가하였다. 그러나 박규수의 안정 위주의 시책에 따라 농민들은 차차 해산하게 되었다.

그는 먼저 3월 말경 농민항쟁에서 가장 원성이 컸던 백낙신을 공격하는 장계를 올렸다. 백낙신의 갖가지 탐학을 사건의 직접적인 원인으로 보았기 때문이다. 반면 목사 홍병원에 대해서는 상대적으로 탐학이 적었기 때문에 백낙신과 함께 거론하지는 않았다.

백낙신을 탄핵하는 박규수의 장계가 4월 5일 중앙에 도착하자, 이미 파직되어 의금부에 잡혀 있던 그에 대한 본격적인 심문이 시작되었다. 백낙신은 내용의 일부는 인정하면서도 전례를 따른 것이라고 변명하기도 하고 일부는 잘못된 것이라고 잡아떼었다. 그러다가 결국 곤장까지 얻어맞고 4월 10일 한 차례의 엄형을 받은 뒤에 강진현 고금도로 유배되었다. 홍병원도 즉각 체포당하였으나 박규수로부터 아무런 계가 올라오지 않자 결국 석방되었다.

박규수는 안핵에 신중을 기했기 때문에 많은 시일을 허비했다. 그만큼 봉기농민들의 활동은 용의주도했고 조직은 드러나지 않았다. 박규수는 안핵의 시일이 오래 걸리자, 다음 작업인 포흠에 대한 조사 및 대책까지도 장계를 만들어 한꺼번에 올리려고 준비하였다. 그러나 일이 워낙 커서 4월 하순이 되어도 작업은 끝나지 않았고 5월까지 끌게 되었다.

서울에서 파견된 선무사(宣撫使 : 큰 재해나 난리가 났을 때 왕명을 받들어 그곳의 백성을 무마하기 위해 임시로 파견된 관리) 이참현(李參鉉)이 5월 7일 진주에 도착하였는데, 이때 그를 만난 박규수는 중앙에서 소식이 없어서 성화라는 말을 듣고는 황급히 작업을 끝마치고 5월 11일 장계를 올렸다.

18. 안핵사의 장계와 대책 건의

이때 올린 장계는 첫째, 죄인들을 문초한 기록을 정리한 '사계발사(查啓跋辭)', 둘째, 진주목의 포흠을 조사한 '사포장계(查逋狀啓)', 셋째, 환곡을 해결하는 방안을 담은 '강구방략이정환향적폐소(講求方略釐整還餉積弊疏)'이다.

'사계발사'는 박규수의 가장 주된 임무였다. 박규수는 이 장계를 작성하느라고 가장 고심하였다. 여기서 그는 농민항쟁의 발생과정을 정리하고 주동자·참가자 등에 대해 등급을 나누면서 죄목을 일일이 열거하였다. 그리고 봉기의 증거물로서 유계춘이 작성하여 민간에 배포한 회문 5장, 통문 1장, 초군언서방목 1장을 첨부하였다.

그는 유계춘·김수만·이귀재 등을 주모자급으로 놓고 이들 3인에 대해서만 최고형인 사형, 이계열 등 7인에 대해서는 엄중한 형벌(重勘), 그 다음 19인에게는 별도의 무거운 형벌(別般嚴懲), 그 다음 18인에게는 엄한 징벌(嚴懲), 나머지 24인에게는 참서(參恕; 참작해서 용서하는 것) 등으로 분류하였다.

이 보고서에서 주목되는 것은 전교리 이명윤에 관련해서 고심하는 부분이다. 박규수는 내려오는 동안 진주와 같은 농민항쟁이 여러 읍에서 일어나고 있음을 알았다. 그리고 그 형태가 집단봉기이며 수령을 구금하고 서리들을 살해하고 집을 부수고 재산을 빼앗는 등의 활동이 전개되었던 것도 알았다.

그런데도 항쟁에 참여한 농민들이 전혀 부끄러워하지 않고 당연한 일을 하는 것처럼 의기양양함을 보고 충격을 받았다. 농민들이 환곡 문제로 인하여 고통받고 있음을 이해하지만, 그렇더라도 피지배층이 감히 지배체제에 저항하는 일은 있을 수 없다는 것이 봉건적 지배층의 생각이었기 때문이다.

감사가 새로 부임하고 안핵사가 내려왔음에도 불구하고, 그들에게 호소를 하지 않고 계속 봉기가 일어나고 있는 사실에 대해서 박규수는 도무지 이해할 수 없었다.

따라서 그는 이런 봉기는 농민들만이 일으킨 사건이 아니고, 거기에는 배후 인물이 있다고 보았다. 농민항쟁의 책임은 통문을 돌리고 향회를 개최한 사족과 지식인 등 향촌의 실력자에게 있고, 우매한 농민은 뒤늦게 이에 따랐을 뿐이라는 것이다. 특히 대구 감영에 머무르는 동안 들려오는 소식을 통해 박규수는 그렇게 단정하게 되었다. 그는 각 읍에 관문을 돌려 이 지역의 사족들을 통렬히 비난하였다.

이 장계에서도 그는 평소 영향력 있는 사족들이 이 사건과 관계있다는 것을 증명할 대표적인 예로 이명윤을 주목하고, 그의 혐의를 찾으려고 각종 조사를 하였으나 단서를 찾지 못하였다. 그는 이명윤이 중앙관료 출신이어서 자신이 함부로 처리하지 못할 사안이라 생각하고, 의금부에서 체포하여 처리해 줄 것을 건의하였다. 박규수의 이같은 태도는 나중에 영남 사림의 많은 반발을 불러 일으켜, 후에 그가 탄핵당하는 하나의 원인이 되었다.

다음의 '사포장계'에서 박규수는 진주읍과 우병영의 포흠 상황을 상세히 밝혔다. 진주에 대해서는 목사·경저리·이서들의 포흠 내용을 일일이 열거하고, 그 액수를 환수해야 한다고 주장했다. 그리고 관계자가 도망하거나 죽어서 환수가 불가능한 1만 3천여 석에 대해서는 달리 방법을 강구해야 한다고 하였다.

병영의 경우에는 이미 1846년부터 환곡포흠이 시작되었다고 밝히면서, 환곡 외에는 재정을 마련할 방도가 없어서, 신임 병사 신명순이 계속 독촉하여 액수를 충당하려고 노력하고 있지만 매우 어렵다고 하였다. 따라서 중앙에서 3만 석을 마련해 주면 현재 남아 있는 1만 5천 석과 합쳐서 4만 5천 석이 되는데, 그것으로 매년 이자 4천 석을 얻어서 경비를 충당하겠다는 것이다. 그리고 1846년 포흠이 시작된 이래 역대 병사들의 명단을 작성하여 처벌할 것을 건의하였다.

'강구방략'에서는 먼저 경상도 농민항쟁의 실상을 간단히 설명하고 나서, 국가의 충실한 백성인 농민이 하루 아침에 '불의(不義)'에 빠진 원인이 삼정, 그 가운데서도 환곡의 폐단에 있음을 강조했다. 박규수는 1854년 경상좌도 암행어사로 왔던 일을 상기하면서, 그때보다도 폐단이 훨씬 심해졌다고 개탄하였다.

이러한 환곡의 문제를 해결하기 위해서는 이를 전담할 수 있는 별도의 특별기구를 설치해야 한다고 그는 건의하였다. 여기서 여러 논의를 수합하고 토론을 거쳐 방책을 세운 후, 먼저 한 도에서 시험하고 난 다음, 여러 지역으로 넓혀 가자는 방안이었다. 이는 나중에 삼정이정청(三政釐整廳)이 설치되는 데 중요한 계기가 되었다.

박규수의 장계는 5월 22일 조정에 도착하였다. 그가 서울을 떠난 지 80여 일이 지난 뒤였다. 비변사에서는 장계를 근거로 하여 처리에 들어갔다. 먼저 죄인들의 처벌에 대해서는 박규수가 제시한 것보다 훨씬 강경한 입장을 취

유계춘의 무덤 : 아래의 무덤은 유계춘의 무덤이고, 그 위의 무덤은 유계춘 어머니의 무덤이다.

하였다. 5월에 들어서서 삼남 전역에서 항쟁이 발발하면서 조정에서는 위기 감이 고조되고 분위가 매우 경색되어 있었기 때문이다.

박규수의 유화책에 대한 경상우병사의 비판도 한몫 거들었다. 안핵사 박 규수가 난민들을 엄히 다스리지 않았기 때문에 각 읍으로 농민항쟁이 확대 되어 가고 있고, 농민들이 두려워하지 않고 있다는 것이다. 그래서 경상우병 사는 주동자를 경상감영에 이송하여 감사가 직접 처리해야 할 것이라고 주 장하기도 하였다.

비변사에서는 이계열 등 7명에 대해서도 주모자와 다를 바 없으니 모두 효수형에 처해야 한다고 주장하였다. 그리고 '엄한 징벌'이라는 비교적 가 벼운 형에 속한 양규영·송인석·강창호·김재연·김광조·권종범 등 6인의 이서에 대해서도, 수령이 위기에 처해 있는데도 나가서 보호하지 못했다는 점을 들어 역시 효수해야 한다고 하였다.

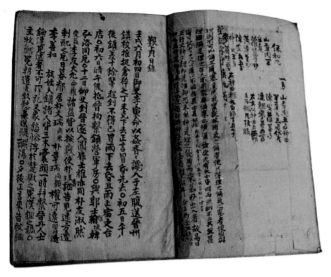

또한 비변사는 박규수에 대해서도, 조사가 늦었고 또 제대로 되지 않았다는 책임을 물어 관직을 박탈할 것을 건의하였다. 그 뒤 암행어사 이인명도 별단에서 박규수에 대한 인신공격을 가하였다. 박규수가 하루의 경비로 150냥을 갹출하여 사용하고 있는데, 수개월 동안 안핵사업을 지체함으로써 민폐가 심하다는 것이다. 뿐만 아니라 박규수가 영남 사림의 여론을 악화시키고 있다고 비난하였다. 사실 그는 농민항쟁의 배후로 영남 사림을 지목한 것으로 인해 영남 사림의 거센 공격을 받고 있었다. 결국 왕은 비변사의 주장에 따라 박규수의 관직을 박탈하지 않을 수 없었다.

그러나 왕은 그의 조사를 중시하여 난민들에 대한 처벌을 확대시키지는 않았다. 유계춘을 비롯한 3명의 핵심 주모자는 5월 30일 진주성 남문 밖의 공터에서 주민들이 지켜보는 가운데 효수형을 당하였다. 나머지 죄인들도 박규수가 건의한 처벌 내용대로 형이 집행되었을 것이지만, 형벌의 구체적 내용을 알 수 없다. 다만 사형 다음의 '엄중한 형벌'을 받게 된 제2급 죄인에 대해서는 《간정일록》을 통해 어느 정도 추측할 수 있다.

단성항쟁을 주도한 혐의로 진주에 끌려간 김령의 《간정일록》에는, 당시 거

《간정일록》의 일부 내용 : 여기에는 김령이 진주진영 군방에 수감된 사실과 단성, 진주항쟁에 연루되어 잡혀 들어온 인물들이 소개되고 있다.

辨證事實

기에는 단성항쟁의 주도자뿐만 아니라 진주항쟁의 주도자급 죄인들도 같이 있었던 것으로 기재되어 있다. 이 가운데 이계열(이명권)과 박수익이 소개되고 있는데, 이들도 단성항쟁의 주도자들처럼 장형 등 무거운 체형을 받았을 뿐만 아니라, 외딴 섬에 유배되는 조치까지 당한 것 같다. 그것은 김령이 전라도의 임자도로 유배되어 갔을 때, 이미 이곳에는 이계열이 유배와 있었다고 한 것에서 알 수 있다. 아마 박수익 등 나머지 2급 죄인도 체형을 받은 후 다른 섬으로 유배되었을 것이다.

그리고 항쟁 관련자들의 입에 자주 오르내려 중요한 혐의를 받고 있던 교리 이명윤에 대해서는 박규수가 건의한 대로 의금부에서 체포해서 심문을 진행하였다. 의금부는 심문 후 그를 전라도 강진 고금도(古今島)로 유배할 것을 건의하였다. 이러한 의견이 채택되어 그는 바로 고금도로 유배되었다.

이밖에 박규수의 '사포장계'에 따라 1846년 이래 우병사를 지낸 이규철 · 정택선 · 이기석 · 이형하 · 정일복 · 오길선 · 윤수봉 등을 잡아들였다. 그리고

이명윤의 〈피무사실〉의 일부 내용 :
이 글에서 이명윤은 자신이 농민항쟁과 전혀 관련없음을 주장하고 있다.

포흠에 관계된 전 진주목사 박승규·남지구, 전 대구영장 정완묵도 잡아들였다. 이들은 대체로 고신(告身;관직 임명장)을 박탈당하고 유배나 도형(徒刑) 등 엄한 처벌을 받았다.

19. 삼남지방으로 항쟁의 확산과 정부의 대응

　진주농민항쟁은 10여 일 만에 끝나버렸지만, 이것이 발단이 되어 농민항쟁은 전국적으로 파급되어 갔다. 물론 진주농민항쟁이 일어나기 10여 일 이전에 단성현에서도 항쟁이 있었다. 그러나 단성항쟁은 정소운동 과정에서 우발적으로 일어난 성격이 강했다. 또 일반 향촌민들이 가담했다고 하지만, 항쟁을 처음부터 끝까지 주도한 세력은 그 지역의 유력 사족들이었다. 될 수 있는 한 합법적인 틀에서 벗어나지 않으려는 사족들의 노력으로 인해 진주처럼 서리를 살해하거나 지주·부호가를 파괴·약탈하는 등의 과격한 행동도 보이지 않았다. 계속 감영에 호소하고 연락을 취하는 형태를 취했던 것도 그 이유에서이다. 따라서 전국적으로 크게 주목받을 수도 없었다.

　진주농민항쟁은 이와는 달랐다. 첫째, 주도세력이 바뀌면서도 항쟁지도부가 튼튼하였다. 수차례에 걸친 비밀모의와 항쟁의 준비작업은 유계춘을 비롯한 지도부의 역량을 말해 준다. 둘째, 농민대중을 충분히 조직화할 수 있었다. 초군이라는 조직을 활용하기도 했지만, 지도부의 끊임없는 대중선동작업이 큰 효과를 발휘하였다. 농민들을 각 리별로 조직적으로 동원하였으며 활동도 면리 단위로 체계적으로 이끌어가고 있었다. 따라서 진주지역 내의 거의 모든 리에서 농민들이 참여하였고 봉기세력의 규모도 커질 수 있었던 것이다.

　진주농민항쟁은 곧바로 인근 지역에 커다란 여파를 미쳤다. 3월에 들어서면서 진주의 북쪽에 있는 함양·거창에서 항쟁이 일어났다. 그리고 그 파장이 소백산맥을 넘어 바로 인접한 전라도 장수·무주 등의 고을로 미쳤고, 다

시 무장·영광·익산·능주·정읍 등 전라도의 많은 고을로 농민항쟁이 확산
되어 갔다. 또한 함양·거창의 북쪽에 인접한 경상도의 일부 고을에서도 3월
말에서 4월에 걸쳐 항쟁이 이어지면서 점차 경상도 전 지역으로 확산되어 갔
다. 5월에는 전라도 나머지 고을과 충청도 각 고을에까지 항쟁이 이어졌다.

5월을 절정으로 하여 농민항쟁은 점차 수그러들지만, 이 해 말까지도 여기
저기에서 농민항쟁이 계속되었다. 삼남지방을 넘어 함경도 함흥, 황해도 황
주, 경기도 광주 등에서도 농민항쟁이 일어났다. 이와 같이 1862년에는 삼남

1862년 농민항쟁이 일어난 고을

지방을 중심으로 해서 전국적으로 농민항쟁이 전개되면서 봉건정부를 위기로 몰아넣었다.

한편 5월 들어 농민봉기가 전라도 각지에 파급되고 심지어 충청지역까지 확산되면서, 극도의 위기감에 젖은 정부는 낱낱이 절차에 따라 농민봉기에 대응하는 것이 불가능하다고 여겼다. 무엇보다도 강경진압을 통해 지역적인 확산을 막아야 한다고 생각했다.

이때 조정 안에서는 농민항쟁에 대한 대응에서 강경론과 온건론으로 의견이 나누어져 있었다. 좌의정 조두순(趙斗淳)은 이번 일을 진정시키려면 반드시 법을 은혜보다 우선하여 대대적으로 징벌하여 난의 싹을 잘라 버려야 한다고 주장하였다. 그는 이전부터 대대적 징벌을 주장하며 계속 강경책을 내세웠다. 많은 관료들이 이에 따랐다. 다만 이러한 강경 분위기에 대하여 당시 정계 원로 가운데 한 사람인 영중추부사(領中樞府事) 정원용(鄭元容)이 견제의 역할을 하였다. 정원용은 농민항쟁이 지방관의 가렴주구 때문에 일어난 일임을 강조했다. 왕도 역시 동조했다. 그러나 조정 안에 고조된 강경대응의 분위기를 꺾을 수는 없었다.

이에 따라 봉기가 발생하면 감사나 수령이 자체 처리하고 '선참후계(先斬後啓 ; 먼저 가혹하게 다스리고 후에 보고함)'할 것을 명하였다. 봉기의 주동자들은 난괴(亂魁 ; 난의 우두머리)·동악(同惡 ; 똑같은 악의 무리) 등으로 분류하여 효수시켰으며, 추종자도 가혹한 벌로 처벌하였다.

정부의 이러한 대응에도 불구하고 농민봉기는 계속되었다. 정부는 점차

138

강경진압이나 수령·관속과 봉기농민에 대한 균등한 처벌, 형식적인 선무작업만으로는 농민봉기의 치유가 힘들다는 것을 깨닫기 시작했다. 좌의정 조두순 등 일부 관료들까지 새로이 백성들을 안정시키기 위한 대책을 제기하기 시작했던 것도 이런 이유에서였다.

조정에서는 자체 논의를 거듭하다가 5월 말에 가서야 농민봉기의 원인이 전적으로 삼정문란에 있다고 생각하였다. 5월 25일 국왕 철종은 부세문제를 논의하기 위한 기구의 설치를 명하였고, 다음날 비변사에서 기구 명칭을 '이정청(釐正廳)'으로 명명하였다. 정부는 드디어 6월 10일 삼정 개혁을 천명하고 6월 12일부터 8월 27일까지 재야 유생층과 관료들에게 개혁책을 널리 모집한 후, 윤8월 19일에 '삼정이정책'을 발표하였다.

삼정이정책의 내용은 주로 삼정 운영의 개선에 초점이 두어졌다. 그러나 삼정이정책 자체는 원칙에 대한 천명에 그쳤다. 그 뒤 이의 구체적인 시행을 강제하는 후속조치는 취해지지 않았다. 또한 당시 기본 모순이 토지소유 관계를 둘러싼 지주-전호 사이의 계급대립에 있었음을 감안할 때, 이같은

삼정이정절목

개혁안은 부분적인 문제해결에만 관심을 둔 것이었다. 다만 환곡의 경우 이를 혁파하고 대신 토지 1결당 2냥씩 걷어 그동안 환곡이자로 운영되던 부분에 충당할 것을 명하고, 이에 따라 거행조례는 각도로 하여금 환곡총액과 운영내역을 구별하여 대동사목(大同事目)의 예에 따라 시행하도록 했다. 이와 같은 규정만을 전제로 할 때 환곡은 농민들에게 다소 시혜가 될 수 있었으며, 차후 시행여부를 둘러싸고 가장 큰 반향을 일으켰다.

그러나 삼정이정책은 그 후 지배층의 이해관계 때문에 실시가 유보되다가, 10월 29일부터 다시 본래의 제도로 되돌아가는 모습을 보였다. 당시 정부는 삼정이정책이 '너무 서둘러서 완벽하지 못할 염려가 있어 옛날 규정으로 돌아가는 것이 편리하다'고 변명하였으며, 포흠 탕감과 기타 폐단을 고치는 문제는 차차 논의하여 시행하도록 결정하였다.

이에 앞서 정부는 봉기가 잠시 잠잠하던 7월에 들어와 '이하전(李夏銓) 역모사건'을 터뜨리며 여론을 환기시키고자 하였다. 사건의 내용은 전오위장 김순성(金順性)이 다수의 무사를 모으고 돈녕부 도정(敦寧府 都正) 이하전을 다음 왕으로 옹립하고자 계획하다가 사전에 발각된 사건이었다. 당시 정부는 고관 대부분이 참여한 국문을 통해 이 사건을 대대적으로 홍보하고 이하전을 제주목에 유배시켰다. 이후 8월에 해남에서 이 사건과 관련된 홍서사건이 발생하자 이하전을 강진에 데려다가 사사시켰다. 정부는 이 사건의 처리를 통해 근저에서 흔들리는 국왕의 권위를 다시 한번 강화시키고자 했던 것이다.

140

이처럼 당시 정부는 체제 붕괴의 위기에 직면하자 봉기과정에서 제기된 농민들의 의견을 수렴할 것처럼 대대적 개혁을 모색하다가, 수습국면에 들어서자 이를 기민하게 거두어들임으로써 재차 농민을 기만하고 있었다. 더구나 이듬해 6월에는 전경상우병사 백낙신과 전라감사 김시연을 비롯해서 처벌되었던 수령·방백들도 거의 풀어줌으로써, 봉건적 국가가 할 수 있는 대응책의 허구성을 명확히 보여 주었다.

한편 농민항쟁의 발상지인 진주에서도 새로 교체된 병사와 목사가 농민항쟁을 수습하기 위한 노력을 경주하였다. 가장 상투적인 방법은 회유하는 것이었다. 3월 15일 도임한 병사 신명순은 즉시 각 면에 전령을 보냈다. 여기서 그는 살인 또는 재산을 약탈한 자, 수령을 능멸한 자, 농민의 대열에 앞장선 자 등에 대해서는 처벌하고 그 밖에 단순 가담자들은 그 수가 얼마든지간에 불문에 붙이겠다고 하였다. 신임목사 정면조도 부임하러 내려오는 도중인 3월 13일, 삼례역에서 전령을 보냈다. 그도 역시 농민들에게 조정의 처분에 안심하라고 하고 아울러 삼정을 개선하는 방도를 마련하겠다고 강조하였다.

이들은 부임 후 농민들을 회유하기 위해 그동안의 폐단에 대하여 해결하려는 자세를 보여야 했다. 병사는 포흠한 자들을 독촉하여 천 석 정도 환수하여 병영 뜰에서 농민들에게 분급하였으며, 관청 경비를 덜어서 포흠분을 메우는 데 쓴다든지 각 창고의 수선을 모두 각각 대비하도록 하여 농민의 부담을 절감시키겠다고 표방하였다.

목사 정면조는 진주에 부임한 직후, 그동안 관례화되어 있던 부임비용인 쇄마가(刷馬價)를 농민에게 되돌려 주어 농민의 부담을 덜어주었다. 그리고 농민항쟁 과정에서 피해를 당한 이교호(吏校戶 : 서리와 장교의 가호)에게는 쌀 6말, 민인호에게는 쌀 9말의 구휼을 베풀었다. 그리고 남명 조식을 비롯한 이 지역 유학의 전통을 되살려 사족의 사기를 진작하고 인재를 기르기 위하여 매달 한번씩 순제(旬題 : 정기적인 시험)를 제시하였다.

또 당시는 농사일이 시급한 시기였다. 관에서는 이를 자신의 입장에서 이용하였다. 농사가 부세의 원천이기도 했지만, 한편으로는 농민들을 농사일에 전념케 함으로써 항쟁의 분위기를 가라앉히려는 것이었다. 목사 정면조는 5월 27일 각 면에 전령을 보내어 이미 안핵사와 논의된 포흠 해결방안을 고을 주민에게 알리면서 이제 안심하고 농사일에 힘쓰라고 당부했다.

그러나 진주목사의 이러한 노력이 농민의 입장에서 시행된 것은 아니었

진주목사의 전령의 일부
내용《진양초변록》: 농민항쟁 직후
신임목사가 주민을 안정시키려고
주민들에게 여러 조치를 내리고 있다.

다. 그는 경상도 각지의 농민항쟁의 주동자들이 농사에 게으른 자들이며 진주의 경우 다른 지역의 도적 무리가 혼입되어 더욱 과격해졌다고 항쟁을 비난하였고, 피해보상도 서리와 요호부민에게만 함으로써 농민들의 불만을 크게 사고 있었던 것이다. 감영에서도 진주목에 전령을 보내 항쟁의 가담자들을 농사일에 게으른 자들이라고 몰아붙이고, 각 마을에서 농감(農監)을 정하여 매일 농부들을 통솔하는 동시에 농민 상호간에 농우와 양곡을 대여해 주도록 감독하라고 지시하였다. 처벌규정까지 만들어, 어기는 자에 대해서는 회초리와 같은 체벌에서 관에 고발하거나 징계하는 처벌까지 하였다.

한편 고을의 행정이 회복되기 시작하자 향촌의 지배층은 보복에 나섰다. 이서배·토호들은 항쟁에 가담하였다고 지목된 농민들을 수시로 괴롭혔다. 관속들은 농민들이 장시에 나가면 입구를 지키고 섰다가, 이 놈은 내 집을 불태웠고 저 놈은 누구를 죽였고 하면서, 몽둥이로 마구 때리고 심지어 팔러 가지고 나온 물건을 빼앗았다. 또 부세를 납부하러 읍내에 들어오면 무조건 불량이라고 매겨서 쫓아내었다. 토호들 가운데서도 농민들에게 앙심을 품고 갖가지로 핍박하였다. 감영에서는 이런 일이 자꾸 벌어지자 규제를 가하였다. 그러나 관의 차원에서 이런 몇가지 정책을 시행한다고 하여 문제가 해결될 수는 없었다.

20. 변혁·저항운동의 주요 거점, 진주

 1862년의 농민항쟁은 신분제에 기반을 둔 봉건적 사회체제가 점차 해체되어 가던 때의 여러가지 모순을 적나라하게 보여준 사건이었다. 농민항쟁은 봉건적인 지주제 아래에서 지주와 전호 사이의 대립을 기초로 하면서, 농민층 분화의 진전으로 인한 부농과 빈농의 대립이 내부에 존재하고 있음을 보여주었다.

 여기에 국가에 의한 조세수탈의 가중과 토호들의 불법적인 향촌지배의 문제가 끼어들고 있었다. 특히 앞의 경우 문제가 된 것은 조세량 자체의 증가현상과 함께 화폐를 매개로 부세제도의 운영과 수탈방식이 크게 변화하였다는 사실이었고, 이는 농민의 가혹한 조세 부담이라는 현상으로 나타나고 있었다.

 진주농민항쟁에서는 이러한 성격이 잘 나타난다. 초기의 정소운동과 준비과정에서는 각기 다른 계층의 입장이기는 하지만, 유력양반·몰락양반·부민이 적극적으로 주도하고 빈농을 핵심으로 한 농민들이 여기에 참여하였다. 그러나 항쟁이 고양되어 전면봉기 단계에 접어들면서 몰락양반 및 빈농층이 전면에 나서고 있다. 빈농들은 조세문제를 중심으로 하는 초기 단계에서는 양반·부민과 공동보조를 취했으나, 집단시위로 발전하는 단계에서는 경제적 이해가 다르고 봉건권력과 연결된 그들에 대해 단호히 대처하는 모습을 보여준다.

 빈농들이 지향하고 있던 사회변혁의 방향은 궁극적으로 농민적 토지소유의 실현이었다. 그러나 봉건정부는 이러한 지주제의 문제는 아예 접어두고 있었다. 그 대신 삼정이정책에서 제시되고 있듯이 당시 심각했던 조세문제의 부분적인 개선책을 내놓는 데만 급급했다. 물론 그것마저도 당시에는 기만적인 것으로 끝나버렸지만, 결국 고종대에 가서 호포법·사창제 등의 실시로 일부나마 현실이 되었다. 이것은 농민층이 봉기를 통해 얻어낸 구체적인 성과물이었다.

그러나 다른 지역의 농민항쟁과 마찬가지로 진주농민항쟁도 한계는 있었다. 읍내와 외곽 촌락에 대한 공격을 마친 뒤 활동이 미비했던 점이 그 하나이다. 완전히 해산한 것은 아니고 추이를 관망하였다고 하지만, 함양·성주 등에서처럼 계속 향회를 개최하면서 고을의 권력을 장악하고 중앙관리와 감영에 대하여 자신들의 요구를 관철하려는 노력이 부족하였다. 또 투쟁범위나 투쟁목표가 고을이라는 범위에 국한되어 있었고, 고을을 뛰어넘어 당시 농민을 짓누르고 있던 국가적 차원의 모순을 극복하려는 의도는 보이지 않고 있었다. 따라서 봉건적 권력이나 수령의 기만적인 개선책에 적절하게 대응하지 못했으며, 국왕의 '덕정'에 대한 일말의 기대 때문에 투쟁의 분위기가 가라앉아 버렸다.

물론 이후 다른 고을의 농민항쟁에서는 한 고을의 차원을 넘어 다른 지역과 연대투쟁을 전개하려고 시도하는 경우도 있었다. 진주에 이어서 3월 16일 항쟁에 들어간 함양에서는 바로 이웃한 전라도 장수현의 주민들에게 통문을 보내어 항쟁을 지원해 주겠다고 공언하였다는 소문이 전해진다. 그 때문인지는 몰라도 거창·남원·임실 등 인근 고을에서도 통문을 돌려 사람들을

불러모으자 따라 일어나는 자가 많았다고 한다.

농민들이 지향하고 있던 궁극적인 목표가 이루어지지 못한 채 농민항쟁은 끝나버렸지만, 그러나 이를 계기로, 그리고 이러한 항쟁 경험을 바탕으로, 농민층의 사회변혁을 위한 투쟁은 더욱더 거세어진다. 특히 19세기 후반 개항 이후, 세계 자본주의 열강의 경제적 침략이 진행되면서 덧씌워진 모순에 의해 농민들의 저항은 거세어질 수밖에 없었다. 1870년대와 1880년대에 가서도 농민항쟁은 여기저기에서 지속적으로 벌어지고 있었던 것이다. 그것은 결국 1894년에 가서 한 단계 발전된 농민운동이라고 할 수 있는 전국적인 동학농민전쟁으로 이어졌다.

이와 같이 진주농민항쟁은 봉건적 사회체제의 해체기에, 그 해체를 촉진시키는 농민운동의 시작을 알리는 역사적 사건으로 중요한 의미를 지니고 있다. 그런데 이 뒤를 이어 일어난 동학농민전쟁은 일찍부터 하나의 중대한 농민혁명으로 높이 평가되어 왔고, 그 발상지와 관련 유적지에는 웅장한 기념비와 기념관이 세워졌다. 1994년 무렵에는 100주년을 기념하는 각종 행사

중학교 '국사' 교과서의 관련 내용 :
여기에는 '진주민란' 제목으로 내용이
소개되고 있다.

도 치루어져 동학농민전쟁의 의미가 한껏 강조되었다.

이에 비해 1862년 농민항쟁에 대한 우리 사회의 인식은 너무나 미약하다. 아직도 중·고등학교 '국사' 교과서에서조차 '민란'이란 용어가 완전히 사라지지 않고 있다. 비록 반봉건 농민운동으로 자리매김되고 '농민봉기'란 용어가 사용되고 있지만, 동학농민전쟁에 견주면 그 평가가 너무도 초라하다. 게다가 지역사회에서 볼 때, 1862년 농민항쟁의 발상지라고 하는 진주에 그것을 기리는 기념비가 세워졌다는 이야기를 들은 적이 없다.

그 뿐만이 아니다. 동학농민전쟁에 연루된 인물들의 후손들은 당시 조상들이 남겼던 행적을 자랑스럽게 생각하고 그것을 당당하게 이야기하고 있다. 그런데 진주농민항쟁에 연루되었던 인물들의 후손들은 어떠한가. 농민항쟁 이후 주동자를 비롯한 많은 연루자들의 가족들은 관과 지배세력의 탄압을 피해 여기저기 흩어져 버렸다. 그 후손이나 인척인 것을 숨기기 위해

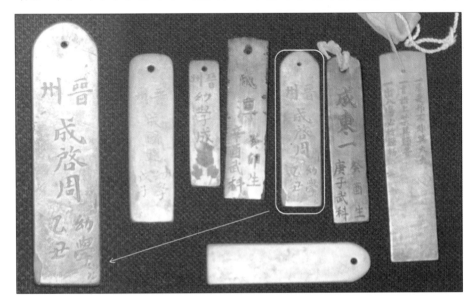

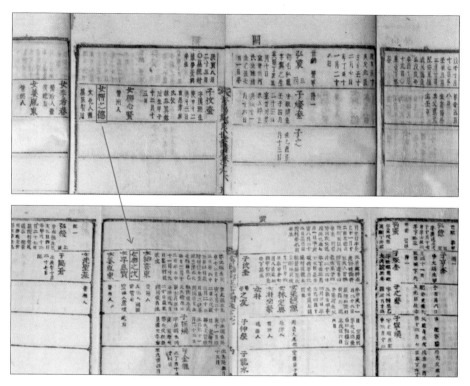

족보에서 관련자나 가족의 이름을 바꾸는 경우도 있었다. 이 과정에서 그들의 생활기반은 무참히 깨어져 버리고, 그 후손들이 겪은 고생도 이루 말할 수 없었을 것이다. 이젠 시간이 몇 세대 내려왔기 때문에 자기 조상 가운데 누가 관련되어 있었는지조차 알 수 없는 지경이 되어 버렸다.

진주지역에서는 역사적 전통을 계승하기 위해 '진주정신'이란 말이 자주 쓰인다. 그런데 바람직한 '진주정신'이란 고정되어 있는 것이 아니다. 역사

1830년의 진양정씨족보

1902년의 진양정씨족보 : 항쟁 주도자
유계춘의 부친 이름이 '지덕(之德)'에서
'지분(之汶)'으로 변경되어 나타난다.

적 변화에 따라, 인간 삶의 모습이 달라짐에 따라, 또 그것을 나타내는 계층에 따라 그것은 다양한 모습으로 나타난다. 그러나 그런 모습에서도 공통적으로 지향하는 것이 있다. 지역사회, 나아가서 우리 민족과 인류사회의 여러 모순·질곡을 헤치고 모든 인간들이 물질적으로나 정신적으로 더 나은 삶을 누리는 세상을 이루기 위해, 지역사회 구성원 각자가 주체적으로 자각하고 실천해 가는 자세가 바로 그것이다.

이것은 진주에만 국한된 것이 아니다. 다른 지역에서도 얼마든지 그러한 노력은 있어 왔고 지금도 진행중이다. 1862년 전국적으로 일어났던 농민항쟁에서도 그 당시 진주지역이 안고 있는 특수한 역사·지리적 조건 때문에 진주에서 먼저 그 횃불을 들었을 뿐이다.

진주는 역사적 계기마다 중요한 선구적 역할을 해 왔다. 1862년 농민항쟁 이후 일어났던 동학농민전쟁 직전에도 덕산이 경남 동학세력의 중요한 거점이 되었다. 이어서 1894년 가을 농민군의 2차 봉기 때, 경북지역의 일부 고을과 함께 진주가 봉기의 선봉적 역할을 하였다.

일제시대인 1922년에도 진주지역에서 전국 최초의 소작인대회가 열렸다. 이 소작인대회는 전국 각지의 농민들을 조직으로 결속시키는 신호가 되었을 뿐 아니라, 각지에 존재하고 있던 소작인조합이 지주의 수탈에 대항하는 활동에 적극적으로 나서게 하는 계기가 되었다. 또 1924년 1월 진주에서는 경남지역 안에 60여 개 노동자, 농민운동 단체를 묶어 경남노농총동맹이 결성되었는데, 이것은 전국적인 조직인 조선노농총동맹의 결성에 주요한 계기를

유계춘 집터 목비 : 몇 년 전에 전교조
소속 교사들이 답사하면서 세웠는데,
어느 때인지 뽑혀 사라져버렸다.

제공하였다.

앞에서도 이야기하였듯이 진주는 지리적으로 지리산을 끼고 있으면서 비옥한 토지가 형성되어 있던 곳으로, 조선시대에는 지식층이던 사족들이 많이 이주해 와 유유자적할 수 있는 조건을 갖추고 있었다. 또 지리산의 장엄한 풍모와 깊은 골이 형성되어 있는 것으로 인해 이 부근에는 저항적인 세력들이 조성될 가능성이 높은 지역이기도 했다. 과격하고 저항적인 성격의 남명학풍의 전통은 이러한 지역적 조건과 무관하지 않을 것이다. 이런 성격이 임진왜란 때는 강렬한 의병투쟁으로 드러날 수 있었던 것이다.

그러나 해방 이후 격동기 속에서 진주의 이런 면모는 상당히 퇴색되어 버렸다. 말로만 공허하게 '진주정신'이 외쳐질 뿐, 그것이 새로운 실천의 모습을 띠고 나타나지는 않고 있다. 이제 다시 그것을 일깨워야 한다.

우선 진주정신을 드러낸 역사적 사건의 하나로 진주농민항쟁이 지적되고 있는 만큼 그것을 음미하고 기리는 기념비가 진주에 세워져야 하는데, 이에 대한 사회적 관심이 거의 없다. 몇 년 전 교사들이 농민항쟁 경로를 따라 답사하면서 수곡장터 등 몇 곳에 기념비를 세웠다. 각목에 글을 새겨 세운 소박한 것이었다. 다른 기념비에 견주면 너무 초라한 모습이긴 하지만. 그러나 그것조차 누군가에 의해 뽑혀 사라져버렸다. 이제라도 늦지 않다. 소박한 모습이라도 좋다. 오히려 거창한 것보다는 소박한 기념비가 더 어울린다.

그리고 그 당시 희생이나 보복을 무릅쓰고 그 운동에 참여했던 인물들을 하나하나 추적하여 그 당시의 모습을 조금이라도 더 구체적이고 생생하게 그려내어야 한다. 그들의 후손들도 찾아내어 그들에게도 자기의 조상을 자랑스럽게 내세울 수 있도록 해야 한다. 그리고 그들도 이제는 이 사실들에 대해 무관심하거나 숨기지 말고 적극적으로 나서야 한다. 그리하여 그때의 역사적 사건들을 다시 재음미해 보고, 오늘날 농민항쟁의 정신을 어떤 형태로 계승하고 실현해 나갈 것인지 곰곰히 생각해 보아야 한다.

도 움 준 글

《조선왕조실록(朝鮮王朝實錄)》

《승정원일기(承政院日記)》

《비변사등록(備邊司謄錄)》

《일성록(日省錄)》

《임술록(壬戌錄)》

《진양초변록(晋陽樵變錄)》

《진주민변록(晋州民變錄)》

《진주초군작변등록(晋州樵軍作變謄錄)》

조식(曺植), 《남명집(南冥集)》

권병천(權秉天), 《유와유고(幽窩遺稿)》

김인섭(金麟燮), 《단계집(端磎集)》

유의삼(柳宜三), 《추체록(推體錄)》

정규원(鄭奎元), 《지와집(芝窩集)》

이중환(李重煥), 《택리지(擇里誌)》

《진양지(晋陽誌)》

〈진주목읍지〉(《경상도읍지》)

《진주향교수리물재집수기(晉州鄕校修理物財集收記)》

《촉영민장초개책(矗營民狀草槪册)》

《분독공휘(汾督公彙)》

김인섭(金麟燮),《단계일기(端磎日記)》

김령(金欞),《간정일록(艱貞日錄)》

전주이씨족보

진주정씨족보

문화유씨족보

창녕성씨족보

〈진주성도(晉州城圖)〉

〈진주지형도〉

망원한국사연구실,《1862년 농민항쟁》, 동녘, 1988.

한국사연구회,《1894년 동학농민전쟁연구 1》, 역사비평사, 1991.

이수건,《영남(嶺南)학파의 형성과 전개》, 일조각, 1995.

이태진,〈16세기 천방(보) 관개의 발달〉,《한우근(韓㳓劤)박사정년기념사학논총》, 1981.

이재철,〈18세기 경상우도 사림과 정희량난(鄭希亮亂)〉,《대구사학》31, 1986.

이영호,〈1862년 진주농민항쟁의 연구〉,《한국사론》19, 서울대, 1988.

송찬섭,〈1862년 진주농민항쟁의 조직과 활동〉,《한국사론》21, 서울대, 1989.

오이환,〈《산해사우연원록(山海師友淵源錄)》의 편찬〉,《차산안진오(次山安晉吾)박사회갑기념논문집》, 1990.

송찬섭,〈19세기 환곡제 개혁의 추이〉, 서울대 박사논문, 1992.

김준형,〈조선후기 단성지역의 사회변화와 사족층의 대응〉, 서울대 박사논문, 2000.